JN440264

지옥에 다녀오다

지옥에 다녀오다

송진 시집

문학의전당

自序

너에게 사랑받고

너에게 버림받은 그 시간들

또 앞으로도 그럴,

그 시간들을 사랑한다

차례

1부

2부

3부

4부

1부

황금비늘 수족관

삼백 살 먹은 은비늘이 황금비늘 수족관 속으로 걸어 들어간다 삼백 살 먹은 황금 강아지가 삼백 년 된 황금거울 속에 누워 있다 삼백 년 동안 삼 개월 된 아기의 황금손톱만 뜯어먹은 바람이 입술을 열자 백제 마을 고인돌이 문을 열었다 닫았다 다시 열었다 은비늘이 삼백 살 먹은 지붕 위로 올라가 삼백 년 키운 단발머리 애인의 머릿속을 혀가 삼분의 일쯤 잘린 놋숟가락으로 긁아먹는다 요강처럼 움푹 패인 자리에 누런 달빛이 고인다

몰입

달팽이가 그녀의 몸속에서 붉은 꽃 피우고 있을 때 그녀는 아이 갖는 일에 몰입했다 아이가 겹치고 겹쳐 겹받침 꽃을 피우고 달팽이가 겹치고 겹쳐 겹꽃잎을 피울 때 그녀는 한 치의 망설임도 없이 아이와 달팽이가 겹치는 일에 몰입했다 새로운 아이를 갖는 일만큼 숭고한 일은 없어 그녀의 확신은 노란 전화기가 붉은 꽃을 피워도 붉은 스포츠카가 하얀 꽃을 피워도 변함이 없었다 지금 그녀의 귀 안에는 달팽이와 아이와 모란과 동백이 산딸기처럼 무성히 자라고 있다

천마총

그녀가 천마도 들고 날아간다 서봉총길 지나 대릉원 무덤 속으로 물처럼 스며든다 무덤 속에서 데이트하는 연인들 거친 숨소리 무덤 속이 황토방처럼 뜨겁다 그녀의 손바닥 땀 흐른다 날개 더 힘차게 날아오른다 먼저 들어온 보름달 그녀 이마 스치고 지나간다 금빛 달 아래 콩벌레, 까치들 뛰어다닌다 그녀 날개 길게 펴고 달에게 다가간다 달의 엉덩이 어루만진다 연인들의 발끝이 뜨겁다 다시 밖으로 날아가려고 하는 그녀, 의 날개가 움직이지 않는다 연인들의 날개가 곶감처럼 말랑말랑해진다

백설 공주
–시계나라

백설 공주 – 그녀의 이름만 들어도 얼굴이 붉어지고 맥박이 빨라진다 그녀의 자궁 문을 밀고 들어서면 문 앞에 달려있는 바늘의 끝이 날카로운 창으로 변하여 심장을 찌른다 그러나 나는 용서한다 그녀의 시계를 찾는데 혈안이 되어있으므로 소풍날 보물 찾는 소년처럼 초침, 분침, 시침의 숲을 뒤진다 시침 떼고 앉아 있는 그녀가 더 섹시해 보인다 시계 속에 그녀의 혼이 들어 있을까? 있을 것이다

라는 걸 반란할 것인가 수용할 것인가 혼돈의 숲에 불을 지른다 불이다 꽃불이다 혼불이다 밖으로 뛰쳐나온다 지하철이 내 앞을 빠르게 지나간다 초침분침시침없는 시계를 가득 싣고

긴 늪*

그녀에게 가는 길에는 도깨비 우글거리는 공동묘지가 있다 긴 머리 풀어 헤친 폐가가 있다 갈비 여기저기 바람에 흩어지고 굶주린 닭이 떼 지어 몰려다닌다 깊은 잠에 빠진 소나무, 송전탑 아래 흐르는 낙동강 은빛 속눈썹 반짝인다 그녀는 물고기처럼 흐느적거리는 갈대를 안고 강을 건넌다 오후 3시 45분 햇살이 두 다리를 복숭아 꽃잎처럼 활짝 편다 물 돌돌돌 산 돌돌돌 햇살 돌돌돌 솔 숲 무성한 그녀, 밀성교가 아랫도리 축축한 그녀를 올려다본다

*밀양 교동에 있는 지명

금자동아 은자동아

귀밑머리 하얗게 센 그녀와 노란 봉고를 타고 구름을 찾아 떠났다 가는 곳마다 길이 뱀처럼 엉키고 절벽으로 변하였다 그녀와 나의 겨드랑이에 자라던 아기들이 내리고 싶다고 백 일 동안 울었다 금자동아 은자동아 세상천지 으뜸동아 금을 주면 너를 살까 은을 주면 너를 살까* 잠자지 않고 노래를 불렀다 그런데 노래는 나오지 않고 피눈물이 쏟아졌다 우유를 타기 위해 우물을 찾았다 우물마다 쇠뚜껑이 덮여 있었다 겨드랑이 속 아기들이 그녀와 나의 겨드랑이 중 가장 부드러운 속살을 뜯어먹으며 잠들었다 노란 봉고가 모래알 없는 텅 빈 사막에 서 있다 노란 창자 몸 밖으로 튀어나온 물고기 한 마리 길 안내하고 있다 평강다리를 건너가세요 노란 봉고는 평강다리를 건너 구름을 불렀다 구름아 구름아 어디에 있니 겨드랑이 속 아기들이 그녀와 나의 가장 부드러운 문을 열고 나왔다 애들아 집으로 돌아가야지 부드러운 문이 닫히기 전에 아기들을 돌려보내야 했다 발부터 집어넣어야 해 깃털처럼 부드러운 아기들의 발꿈치를 둥글게 말아 겨드랑이 속으로 집어넣었다 노란 봉고가 하늘로 올라갔다 겨드랑이 속 아기들이 붉은 혀를 날름거렸다 투명한 구름이 보고 싶어 하늘에서 크고 맑은 목소리가 천둥처럼 울렸다

*전래동요

이상하게

그곳으로 가고 싶었다 새벽 네 시 버스는 오지 않았다 바람에 떨어지는 벚꽃들의 하얀 입술 당나귀 귀 같은 목련 잎들이 문둥이처럼 썩어갔다 택시를 타고 그곳으로 가자 했다 눈동자 노랗게 곪은 기사는 그곳을 아는 듯 했다 골목을 돌아 불 환히 켜진 감자탕 식당을 지나갔다 혈관처럼 좁은 시장 길이 갑자기 퍼즐처럼 흩어졌다 보이지 않는 손이 택시를 역기처럼 들어 올렸다 회오리바람이 지나간 듯 했다 불 환히 켜진 엘지 가스 충전소 앞 창자 텅 빈 택시들이 줄지어 서 있었다 벚꽃이 지고 새 잎이 자라고 있었다 짐을 벗은 듯 새벽달처럼 맑은 얼굴이었다 텅 빈 택시 안 벌거벗은 벚꽃 잎 하나 썩어 가는 목련 잎 하나 보이지 않는 손이 내 젖가슴을 끌어당겼다 아무리 빨아도 젖이 나오지 않아 보이지 않는 손이 젖나무를 심었다 젖가슴 달린 벚꽃 젖가슴 달린 목련 오래 달인 대추처럼 향기로운 젖이 흘러나왔다 보이지 않는 손이 내 가랑이를 벌리고 팬티가 브래지어가 바지가 흘러나왔다

씨엔엔 레스토랑

천 년 동안 사귄 애인과 헤어지던 날 그의 발자국소리가 사라진 호프집 계단을 내려와 맨 먼저 바라본 것은 오월의 구름 아직도 송이구름이 흘러가고 있다니……길가 스피커에서 아이엠세일링아이엠셀링 오래된 음악이 흘러나왔다 포장천 튀김집 아저씨가 나를 바라보았다 떡볶이 아줌마가 나를 바라보았다 서면 복개천 사거리 삼오게임랜드 아이들이 펌프 춤을 추었다 여전히 버스는 달리고 택시는 지폐를 세거나 담배를 태우며 손님을 기다렸다. 지나가던 파라솔이 시바*처럼 머리카락을 풀어헤쳤다 아스팔트에 나란히 걸어가는 비둘기 두 마리를 가방 속에 구겨 넣었다 하늘을 보았다 구름이 흘러가고 있었다. 천 년이 지났는데도 구름은 녹슬지 않았다 비는 내리지 않았고 모과나무 꽃은 피지 않았다

*Siva : 인도의 파괴신. 과거, 현재, 미래를 투시하는 세 눈을 가졌음

그린 마일*

나는 두렵다 나를 잉태한 따뜻하고 말랑말랑한 호빵 같은 그녀의 자궁이 온몸에 수천 개의 칼을 품고 있는 톱니바퀴라니… 그녀 마음에 따라 나의 운명은 달라진다 나는 7주, 쌀알만 한 존재

그녀는 양치질할 때마다 밥 냄새 날 때마다 냉장고 문 여닫을 때마다 구역질한다 가끔 노란 전화기 멍하니 쳐다보기도 하고 시들어 가는 해말리아에 물주기도 한다 그녀는 유리창 삐꺽이는 소리를 내며 잠든다 위경련으로 거실 바닥을 뒹군다 새벽 두 시쯤 천둥 번개 치는 창밖을 바라보기도 하고 아랫배를 쓰다듬으며 고개 끄덕이다 아니야 이건 아니야 고개를 세차게 옆으로 흔들기도 한다 자연이 준 생명을…내가 어떻게 감히…벌 받을 짓이야…아냐 무책임한 애비의 자식을 낳으면 뭘 해…이 아기조차 불행해질 거야…아냐 이 꽃 같은 생명을 불꽃으로 타오를 수 있게 해야 해… 그것만이 내가 할 수 있는 일이야…

나는 두렵다 그녀의 마음이 언제 변할지 언제 산부인과 의사 앞에서 아기를 지우겠어요 라고 말할지…나는 날마다 그녀의 팬티에 실지렁이 같은 갈색 피를 내뿜고 있다 오직 그것만이 그녀에게 나의 존재를 알릴 수 있는 수신호일 뿐……

*사형수가 사형장을 향해 마지막으로 걸어가는 녹색 길

너, 맞아?

용궁사를 향해 달린다
길가 쥐똥나무들이 우르르 쏟아진다
부처님이 빙그레 웃는다
파도가 울타리를 넘는다
울컥울컥
부처님의 목이 떨어진다
데구르르 굴러다닌다
나는 부처님의 머릿속을 녹슨 숟가락으로 벅벅 긁는다
한 입 가득
수박화채처럼
삼키는 나를 응시하는
나
누군가 내 머리를
툭 친다
머리를 짓밟는다
머릿속에서 내가 튀어나온다
내 속에서 머리가 튀어나온다
진득진득한, 달콤한, 피투성이 눈알이
후드득 흩어진다
해수 보살이 내 손목을 붙잡는다 내 혀를 붙잡는다

수평선이 괭이 갈매기 눈알을 삼키며 돌아본다
너, 거북이 맞아?

감로사 장독대에 앉아

천 년 전에 죽은 그와
군불 연기 올라오는 장독대에 마주 앉아
오래된 밥을 먹는다

천 년 전에 죽은 그와
담쟁이 넝쿨 무성한 장독대에 마주 앉아
비에 젖은 스포츠 신문 펼쳐놓고
오래된 물김치를 마신다

천 년 전에 죽은 그와
낭떠러지에
한 손으로 매달린 계단에 마주 앉아
안개에 젖은 능선 바라보다
텅 빈 그릇 양손에 들고
오래된 계단을 건넌다

천 년 전의 그
천 년 전의 그녀
천 년 전의 극락전으로
걸어 들어간다

천 년 전 부처들이
녹슨 물고기처럼 툭 불거진 눈알을 이리저리 굴리며
사방에서 우글거린다

잠시 지옥에 다녀오다

이 여름 우울하세요? 그러면 부산역에서 16시 20분 물금행 무궁화호에 마음을 실어보세요 호포역 화명역 지나면 물금이랍니다 역 앞 냇가 마음에 고인 노란 물 쏟아버리고 왼쪽으로 난 길 따라 가세요 목재소, 석류나무, 무화과나무, 멍석 말 듯 제 몸 말아 발 앞에 꽃잎 떨구는 무궁화나무, 신선나무, '시인과 나' 카페, 고인돌처럼 넓적한 돌 평상, 물금취수장 지나면 무궁화 입에 문 새 한 마리 길 막을 거예요 용화사 가는 길 어디냐고 물어보세요 길 끊어진 어두컴컴한 굴다리 지나가라고 일러주지요

굴다리 앞, 온몸으로 등불 켠 까만 잠자리 날개 퍼덕이며 지키고 있어요 매미 소리 들리지 않는 한적한 길 조금 무섭겠지만 굴다리 속 걸으면 옆으로 흐르는 냇물 소리 녹슨 전깃줄 더욱 으시시하겠지만 벽 깊게 패인 곳 죽은 고양이 여인 튀어 나올까 봐 머리끝 쭈뼛거리겠지만 걸음 멈추지 마세요 굴다리 빠져 나와 오른쪽 돌계단 오르면 시루떡 허물어진 듯한 입구 석등 두 개 대웅전 향해 합장하고 있지요 나무 발판 딛고 대웅전으로 고개 밀어 넣으면 우물천장까지 닿은 석조여래좌상, 저승사자처럼 옆으로 길게 찢어진 음산하고 매서운 눈빛 저 기운에 질 수 없지 들어가 넙죽 삼 배하면 금방이라도 석가여래좌상 손

뻰쳐와 목덜미 잡을 것 같지요

무심한 채송화 곁에 앉아 무섭지 않아 무섭지 않아 씩씩하게 걸어야지 다시 굴다리 지나 지는 햇살 따라 걸어 나오면 아까 만난 검은 잠자리 여전히 온몸으로 등불 켜고 서 있지요 앞장서 길 밝혀 주지요 꿈에서도 본 적 없는 검은 등불 잠자리 윤기 나는 날개 몇 발 앞서가다 오솔길 나오면 무성한 풀숲으로 되돌아간답니다 물금취수장 지나 눈에 환삼덩굴 휘감기고 요란한 매미소리 귀에 도깨비바늘 요정처럼 꽂히지요 옥수수, 파초, 금낭화 줄지어 서서 오가는 기차에게 손 흔들지요 파란 논두렁 사이 누워있던 고인돌 짚신 신으며 백치 아다다처럼 웃는 하얀 무궁화 볼우물 바라보지요

앙코르
–쟈니 캐쉬 풍으로

젖은 머리인 채로 CGV에 앉아 있었지
'앙코르' 막은 오르고
나는 그 흔한 팝콘 하나 콜라 한 잔 없이
젖은 머리인 채로 앉아 있었어
머리카락 사이로 물방울 쉴 새 없이 떨어지고
다섯 마리 늙은 종달새들이 쉴 새 없이 극장 안을 날아다녔지
쟈니와 준은 노래 불렀지
'잘난 척하는 잭슨, 고추보다 더 뜨거운 결혼을 했다네'
그런 노래였다네
감옥의 재소자들은 환호하고
환각의 편지들이 침대 위에 나뒹굴었네

젖은 머리인 채로 수변 공원 걸었네
머리카락 사이로 햇살 쏟아지는데
물방울 마르지 않고
황세장군 여의낭자 품 떠난 여섯 개의 알들이
여기저기 환각의 알약처럼 흩어지고
짧은 단발머리 푸른 스카프
자전거 타고 매화나무 스쳐 지나가는데

그래 나에게도 자전거가 있었지
그래 나에게도 자전거가 있다네
한 번도 타지 않은 분홍바퀴 자전거
엘리베이터 속에 갇혀버린 눈 먼 자전거
악어새처럼 지저귀는데
쥐똥나무에 주렁주렁 달린 검은 귀걸이들
머리카락 사이로 물방울 뚝뚝 떨어지고
황세장군 여의낭자 보이지 않고
두루미 목덜미처럼 흰 여섯 개의 알 데굴데굴 굴러가는데
봉황누각은 왜 이리 멀기만 한지

서운암

서운함을 달래기 위해 서운암*으로 달려간다
자운영 금낭화 피어있는 순순諄諄한 오솔길
민들레 씨앗이 눈처럼 휘날리는 언덕
뱀딸기 속의 뱀의 아기들
물풀에 매달린 개구리 알을 보고
하얀 포도라고 이야기하는 이십육 개월의 어린 물고기에게
혜안을 한 수 배우는 오월
금낭화와 까치와 시골호박엿을 한 입 베어 오물거리는 사이
알 것 같았는데 알지 못했던 서운함과 서러움들이
겨울잠 깬 개구리처럼 다 튀어나가고 한 마리도 없다

* 경남 양산시 통도사 내에 있는 암자

수덕사 폭포

장항선 타고
(이름 모르는) 마을 지나가는데

집집마다
(이름 모르는) 똑같은 나무 한 그루씩
서 있다

안개 낀 수덕사에도
방마다 똑같은 문고리가 서 있다

앉지도 못하고
서있는 폭포가 있다

앉음은 영원히 잠듦이라
나무도 우물도 집도 앉기를 두려워한다

새벽 세 시
수덕사 폭포가 걸어 다닌다

적과의 동침

어떤 체위든
잠을 자 보아라
엎드려도
바로 누워도
잠이 오지 않는다,
날카로운 손톱이 자라고 있다,
면 그건
아직 네가 살아있다는 주민등본이다
망막 같은 경계가 있을 때
두 눈은 고양이의 검은 털처럼 빛나고
긴장된 숨소리
냉동실에 넣어둔 생선회처럼
사각거리는 얼음 꽃을 피운다
경계에 누군가 들어서거든
찔레꽃이든 노랑지빠귀든
잠을 자보아라
바퀴 굴러가는 그림자만 보아도
별똥 떨어지는 줄기만 보아도
날카롭고 긴 손톱 끝에 한 줌 싹이 돋고 있다면
그건 아직

네가 살아있다는 주민등본인 것이다

퍼머넌트

시월의 바람에는 파마 냄새가 난다
터키의 지진도
동티모르의 게릴라전도
북한의 기아도 잊고
파마를 한다
퍼석퍼석한 머리카락 사이로 뿌려지는 점액질
가끔 흰머리 뿌리를 들추어내는 길고 긴 손가락
거울 속에 파마 냄새가 난다
그대는 내 뒤에 숨어 있다
서걱이는 가위 소리
그대와 나를 이어주는 건
숨 쉬는 머리카락 몇 올
순간 거울 속 그대가 나타난다
그대의 눈가에 주름이 잡히고
입술이 열린다
아, 안 돼 말을 하지 마
바람이 불면 바람이 사라지고
말을 하면 말이 사라진다
거울 속
그대가 사라진다

나 아닌 북한 여자가 귀 뚫는 총을 들고 앉아 있다

개기월식

달의 몸속에 만국기 휘날린다

제트기가 빨노파 직선을 그으며 날아간다
오색 색종이가 고층건물 사이로 날아다닌다

달의 자궁 속을 손톱으로 긁는 풀잎
붉게 물든 이슬 한 방울 맺혀 있다

달이 입덧을 한다

2부

감 하나만 달라고 해 볼까

경주 서봉총길 五陵, 감나무 가지 끝에 올라간 회색 잠바 입은 사내, 탱글탱글한 엉덩이처럼 잘 익은 감을 잔디 위로 떨어뜨린다 연인들이 뒹구는 陵에 누워 호주머니에 쓱쓱 문지른 감을 우적우적 순한 양처럼 먹는다 감 하나만 달라고 해 볼까? 아기 업은 나는 陵 사이를 왔다 갔다 한다 길에서 잠을 자고 길에서 밥을 먹는다는 환상을 품었던 이십대가 陵 사이로 나타났다 사라진다 아기 업은 나는 陵 사이를 왔다 갔다 한다 감 하나만 달라고 해 볼까 아기는 陵의 귓속에 엎드려 꽃잠이 들었다 그가 다시 감나무에 올라간다 능 속의 왕들은 하얀 감꽃 베개를 베고 깊은 잠에 빠져든 듯 고요했다

버드나무 모과나무 사이 쥐 첨벙 빠지다

물금역 앞 키 큰 모과나무 푸른 아기들 주렁주렁 매달고 서 있다 모과향 저녁노을 따라 물금시장 물금여관 물금편의점 지난다 흑사탕 입에 물고 골목 한 바퀴 돌다 훌라후프 돌리는 바람 만난다 조금 전 지났던 기찻길 다시 만나고 선로 위 달리는 광주 마산 대구 기차들 그리움마저 잊고 싶음인가 빨갛게 물든 눈동자 되돌아보지 않는다 버드나무 모과나무 사이 쥐 첨벙 빠진다 개망초 무궁화 세 들어 사는 물금역 앞, 부평초 떠다니는 목재소에는 이미 오래전 꽃 피웠거나 꽃 피우지 못한 나무들이 얇은 벽지 둥지 안에 모여 서로의 입김으로 뼈 앙상한 무릎 감싸고 있다

밀월여행

아침 햇살이 잠자는 나를 가방 속에 구겨 넣는다 잠이 포개진다 물금이 문을 열고 들어온다 내 오른쪽에 눕는다 아무것도 보이지 않아 기적 소리가 거미줄처럼 들려 삼랑진이 문을 열고 들어온다 내 왼쪽에 눕는다 우린 다 같이 가는 거야 어디로? 거미줄이 뚝 끊어진다 끔찍한 거미들 오른쪽 하늘에서 석탄이 쏟아진다 왼쪽 식탁에서 뱀이 쏟아진다 내 엘지카드는 어디 간 것일까 너무 배가 고파 물금이 내 옆구리를 툭툭 친다 나를 먹어 삼랑진이 내 허벅지를 툭툭 친다 나를 먹어 그들이 가죽혁대로 내 등을 내리친다 내 허벅지에 얼굴을 파묻고 살을 뜯어먹는다 누가 나를 먹으라고 했어 누가 나를 먹으라고 했어 내 엘지카드는 어디로 갔을까 아랫도리 없는 내가 낙동강으로 뛰어내린다

아쿠아리움

휘어진 쟁반이 있다 휘어진 참외가 있다 휘어진 하루살이가 있다 휘어진 아이가 있다 휘어진 구름이 있다 휘어진 키위가 있다 휘어진 여인숙이 있다 휘어진 아들이 있다 휘어진 딸이 있다 휘어진 태양이 있다 휘어진 하얀 원피스가 있다 휘어진 추억이 있다 휘어진 수평선이 있다 휘어진 발가락이 있다 휘어진 식인 물고기 피라냐가 있다 휘어진 내 사랑이 있다 휘어진 그대가 간신히 받아낸 휘어진 휴가가 있다 휘어진 폭염이 있다 휘어진 영화관이 있다 참개구리 짝짓기처럼 어설픈 하루가 시계 안에서 휘어진다 휘어진 변기마다 넘치는 토끼의 휘어진 피, 핏빛으로 물든 석류 가마솥에 웅크리고 앉아있는 귀 없는 달라이라마 행복에 이르는 길 그 비밀은 바로 석류의 휘어진 결단과 석류의 휘어진 노력 그리고 석류의 휘어진 시간입니다 휘어진 쟁반이 있다 휘어진 석류가 있다 휘어진 상어가 있다 휘어진 반딧불이의 무덤이 있다

축제 가는 길

바다가 보이는 놀이터에 아이들이 놀고 있다 모래밭에 흩어진 벚꽃 발자국처럼 웃는 아이들, 미끄럼틀을 타고 내려온다 멈춰선 발끝에 누군가 버린 탬버린이 구름처럼 누워 있다 구름을 모래밭에 던지고 롤러블레이드로 짓밟는 아이들 모래바람은 벚꽃을 솜사탕처럼 휘감는다 바람이 아프다고 구름이 아프다고 병원 처방전을 들고 서 있다 아이들이 구름을 버리고 집으로 돌아간다 바람을 타고 내려온 벚꽃 잎들이 웅덩이에 웅성웅성 개구리 알처럼 뿌옇게 모여 있다

부드러운 밤

밤 열두 시 동백섬을 걷는다 발아래 개구리 울음소리 파도 울음소리 나보다 한 발 앞서가던 그림자가 나트륨 등 아래 멈춰 선다 어둠 속 바위들을 바라본다 누구를 기다리다 돌이 되었을까 누구를 기다리다 바람이 되었을까 누구를 기다리다 가로등이 되었을까 절벽 아래 가리비 같은 물결이 스르르 자동문처럼 열리고 닫힌다 그녀와 그녀의 손등이 겹쳐진다 개구리 울음소리 파도 울음소리 겹쳐진다 줄넘기하는 모녀, 경보하는 오십대 부부의 하늘색 추리닝 위로 빗방울이 떨어진다 초록빛 보도블록이 에스컬레이터처럼 저절로 움직인다 비에 젖은 자귀나무들의 눈동자가 섭씨 십이 도 맥주 거품처럼 부드러운 밤을 환히 밝힌다

안개의 바지랑대를 붙잡고

팔 개월 된 아기를 업고 길을 나선다 콘크리트 처마 끝 비 흘러내리고 재개발 주공아파트 오층 옥상 까치들 다이빙하고 있다 해가 안개를 내쫓고 있어 아기와 나는 안개의 뒤꽁무니를 바라보고 서 있다 비 그치고 매, 직박구리, 까치, 참새가 모여들었다 참새들이 낙엽처럼 아래로 떨어졌다 다시 날아올라 앙상한 구기자 나뭇가지에 앉았다 신기하게 나뭇가지 하나 흔들리지 않았다 흔들림 없는 깨달음을 얻은 도인 같아…… 누구니? 돌아보니 아무도 없었다 비 그쳤는데 솔숲에 비 내리고 있다 솔잎들이 입안 가득 비 머금었다가 한 스푼씩 토해내고 있다 사라진 후의 보고 싶음 그 갈증을 난 알아…… 누구니? 태양은 소나무를 비추고 구름은 태양을 복대腹帶로 가린다 아기와 나는 안개의 바지랑대를 붙잡고 하늘로 날아간다

비손

비 오고 바람 불고 고장 난 거울 아파트 숲이 보이지 않아 아파트 숲이 보이지 않아 버찌가 어깨 위로 뚝뚝 떨어진다 붉은 신호등 앞 피자 배달 오토바이 탄 헬멧 낡은 남색 잠바 검은 빛 헐렁한 양복바지 뒷모습만 보고 삼십대 중반 아저씨인 줄 알았네 금발 머리 아이 중학생 될까 말까 늙은 소년의 미소가 뜨거운 피자처럼 식을 줄 모른다 멀리 초등학교 시계탑이 뿌옇게 흐려진다

도시의 납골당
–寒林 독서실

무언가 바싹 뒤쫓고 있다 돌아보면 뱀도 호랑이도 보이지 않는데 나는 보이지 않는 송곳니에 물려 붉은 피를 쏟는다 온몸 속으로 푸른 독이 번진다 숲 속에 앉아 숲을 보지 못하는 눈동자가 부풀어 오른다 사각의 관 속에 박혀 있는 네모난 얼굴, 허리와 다리는 도막난 채 불 없는 난로 속에 던져진다 스스로 허리 굽히고 들어가 차가운 형광등 올가미에 목을 매는, 호랑이의 밥이 되기를 주저하지 않는 손끝 창백한 여백

네모난 나무 틀 속의 유생들, 유황불 속에 던져진다

올리브 스파게티

그는 분노로 딱딱해지는 혀를 타일렀다 괜찮아 모든 게 잘 될 거야 파셀리 가루를 뒤집어 쓴 마늘빵, 오이피클의 푸른 허벅지, 갈색 외투를 입은 사과가 석탄 난로 옆에서 잠이 들었다 핫소스가 서서히 식어 갔다

스파게티 등줄기를 입술로 빨아들이지 말 것 이빨로 끊지 말 것 포크로 둥글게 말아 입안 깊숙이 밀어 넣지 말 것 스파게티 속에 갇힌 귀신들이 톡톡 튀어 나와 내 목을 조를 거야 뜨거운 치즈처럼 내 목 안에 들어붙을 거야 그는 딱딱해지는 마늘빵을 삼키며 조용히 혀를 타일렀다

마리나의 방 5

버스가 햇살을 벗어나고 있다 타이어를 가득 실은 하얀 트럭 살갗 찢어진 타이어에서 크고 작은 손가락이 튀어나온다 살려 주세요 나는 귀를 흔든다 두 눈을 비빈다 사방을 둘러본다 버스 속 사람들이 졸고 있다 살려 주세요 하얀 트럭 붉은 신호등 밀치고 질주한다 길에 쏟아지는 손가락들 버스 타이어 짓밟고 지나간다 창밖에 사람들 서가에 꽂힌 책처럼 고가도로 밑에 서 있다 떨어지고 찢기고 튕겨나간 손가락 세로로 갈라진 아스팔트 핏물이 흥건하다

목 잘린 앵무새 한 마리 죽어 있다

죽음의 순례 6

142번 직행 버스가 내 차의 옆구리로 스며들었다 버스에게 씩씩대는 나 그건 내가 살아있다는 꿈틀거림 깜박 잠든 사이 링거 속의 약 몸속으로 다 스며들고 몸속의 피가 다시 링거 투명한 줄을 타고 사다리처럼 올라갔다 허둥지둥 혈관 깊이 꽂힌 바늘을 빼는 순간 붉은 피가 꽃잎처럼 와르르르 쏟아지는 것을 동그란 눈으로 바라보는 나 그건 내가 살아있다는 꿈틀거림 링거의 바다를 베고 눕는다 바다의 등이 출렁거린다 바다가 돌아눕는다 배가 출렁거린다 출렁출렁출렁 그건 내가 살아있다는 꿈틀거림 투명 붕대로 온몸을 칭칭 감은 바다 나를 데리러 달려온다

홍옥 한 입 베어 물다

수영성 남문 앞에 앉아 홍옥 한 입 베어 문다 홍예문이 추석 날 남해고속도로에서 본 쌍무지개처럼 신비롭다 그 속으로 해가 들어갔다 나오고 빗방울이 나갔다 들어온다 고인돌처럼 편편한 바위 위 홍옥빛 햇살이 앉았다 일어선다 잠시도 쉬지 않고 서로 몸 비비는 낙엽처럼 지저귀는 새소리, 사백 년 곰솔 소주 한 잔 어깨에 걸치고 말없이 하늘 이고 있다 박견拍犬* 조각한 쌍 삼백 년 비바람 잘 견딘 듯 둥근 꼬리 흔든다 낙엽 굴러가 듯 돌멩이 굴러가 듯 바람 굴러가 듯 편안한 이마로 서로를 바라본다

*조선 개

대운산의 봄

비에 젖은 대운산 계곡을 오른다 그런데 내 머릿속은 황령산을 오르고 있다 열 살인 내가 칼라 달린 붉은 티셔츠, 갈색 가죽조끼 입은 젊은 아버지를 뒤쫓고 있다 눈곱도 떼지 않은 얼굴로. 꿩꿩꿩 산 너머 꿩소리가 들린다 눈앞의 아버지가 사라지고 죽은 친구 원동이가 서 있다 한 손에는 메추리알, 한 손에는 깨죽을 움켜쥐고 있다 내 입에 넣어주려고 다가온다 두 눈 비비고 그를 바라본다 아니다 그 친구가. 초록물 오른 대운산이다, 진달래 목소리 사방에 메아리치고 있는, 배꽃의 하얀 눈빛이 서러운, 비는 기다림의 우산을 접는다 나뭇잎이 타고 갈 배를 땅으로 내린다 새들이 귀를 접는다 안개의 아버지가 어린 것들을 데리고 초록빛 숲 속으로 사라진다

벚꽃
-진해 가는 길

눈을 뜨니 공동묘지를 지나가고 있었다 그녀는 어디에서도 화사하지 않았다 오후 세 시 사십 분의 햇살은 활짝 핀 그녀의 웃음을 돋보이게 하지 않았다 날 세운 가위 같은 햇살은 두꺼비처럼 두꺼운 그녀의 화장 속으로 깊숙이 손을 넣어 지친 눈매를 선명히 오려내고 있었다 간혹 달팽이 몰래 그녀 속으로 스며든 햇살은 오랜 방랑에 지친 노숙자처럼 철길에 드러누운 장애자처럼 나뒹굴었다 스스로 함부로 하고 싶은 생은 어디에도 없었다 그와 난 세 살 된 아기를 품에 안고 박통 시절 서독 간호사와 광부들의 이야기를 나누었고 잠든 아기 이마 위로 떨어지는 눈물에게 스스로 함부로 하고 싶은 적이 있었냐고 감히 묻지 못했다 그녀는 이미 아름답지 않은 우울의 역사였다 입과 귀를 저당 잡힌 시대의 노름꾼으로 전락해버린 그녀들이 가냘픈 해군 병사가 지나간 아스팔트 위로 누렇게 쌓여갔다

황사

황사 영화관에서 황사 영화를 보고 황사의 거리를 걷다 황사로 지은 밥을 먹고 황사로 만든 안경을 쓰고 황사로 꿰맨 이불을 덮고 황사 모텔에서 잠을 잔다 뿌연 꿈속에서 황사의 강을 건넌다 황사 동물원 우리에 갇힌 황사 알레르기가 심한 두봉낙타의 등에 누런 눈곱이 가득 끼여 있다 오르도스사막의 눈꺼풀이 닫혀 있다 고비사막의 눈꺼풀이 닫혀 있다 타클라마칸사막의 눈꺼풀이 닫혀 있다 진정한 깨달음은 내 자신이 닫혀 있음을 아는 그 순간부터이다 황사의 여신이 황사로 만든 아이를 건네준다

일몰

자, 선암사다 돌계단이다 일주문이다 주황빛으로 물든 노을 배낭 속에서 소주잔을 꺼낸다 그녀의 손목을 꺼낸다 그녀도 한 잔 나도 한 잔 새파랗게 얼어있던 물푸레나무의 두 귀가 게슴츠레하다 새파랗게 얼어있던 하늘의 입술이 게슴츠레하다 배낭 속에서 그녀의 무릎을 꺼낸다 그녀의 무릎을 베고 누운 열 개의 눈이 게슴츠레하다

광석이 형

천진난만한 구름, 광석이 형 사다리 타고 오른다 뒤뜰 석류, 톡 쏘는 애인의 붉은 입술로 서 있다 독수리 오형제 비행기 광석 형 태우고 구름 정글짐으로 사라진다 그리운 형 잠시 입술 속으로 사라진다 바다에 오면 나는 광석 형이 된다 짙은 미역 향기, 부서지는 파도소리 그들의 상투적인 작업에 번번이 걸려 넘어지는, 한 치의 실수조차 인정하지 않으려 몸부림치던 괭이 갈매기들의 끼룩거림은 이제 더 이상 거룩함이 아니다 불완전 연소처럼 몸부림치던 광석 형 해운대 미포 수평선 위 봉숭아 꽃물처럼 걸터앉아있다

미얀마 마술학원은 성업 중이다

눈덩이 멍든 하늘을 가오리연처럼 매달고 서있는 솔숲, 미얀마 마술사처럼 솔솔 비를 내 뿜는다 비 한 잔에 취해 마술을 부린다 휘파람새 떼 지어 날아오르고 갈색줄무늬 고양이 살갗 벗겨진 억새 주위로 모여든다 겨울비에 젖어 이리저리 흘러 다니던 쥐똥 나뭇잎, 다시 쥐똥나무에게로 달려가 안긴다 미얀마 마술사 손은 따뜻한 어머니 품속이다 너도 나도 어머니 품이 그리워 미얀마 마술학원에 둥지를 튼다 미얀마 마술학원은 성업 중이다

3부

그로즈니 길가

목이 기역자로 구부러진 가로등이 구멍 숭숭 뚫린 건물을 바라보고 있다 피 흐르는 무릎, 꽃무늬 원피스로 찢어 묶은 내가 일곱 살 난 아들의 손을 잡고 구름다리를 건너고 있다 그로즈니 길가에 서 있는 머리 없는 자동차, 머리 없는 트럭, 머리 없는 자전거

머리 없는 자전거가 걸어간다 나도 걸어간다 일곱 살 아들도 걸어간다 구름다리가 옆으로 흔들린다 뛰어라 뒤돌아보는 순간순간순간 너, 나, 우리, 는 폐허가 된다

전투기가 날아간다 미사일이 날아간다 핵폭탄이 날아간다 해골이 날아간다 나는 기억의 동굴 속으로 날아간다 일곱 살인 내가 총 대신 부러진 연필을 들고 전쟁놀이를 하고 있다 어둠이 나를 노려본다

정전이다 나는 어둠 속에서 잘 익은 수박의 귀를 베어 먹는다 피투성이 체첸 공화국을 베어 먹는다 일곱 살인 나를 베어 먹는다 까맣게 그을린 뼈를 퉤퉤 뱉으며

그리스 항아리

1.
1939년 사망한
프로이트 유골은
애장하던 그리스 항아리 속에 잿빛 가루로 담겨
런던 골드 그린 화장터에 있다고 한다

프로이트가 죽어서도 온몸을 담그고 있는 것은
자궁처럼 생긴 그리스 항아리

H 시인은 신춘문예 심사위원으로 갔다
가 자궁이란 말이 왜 이렇게 많이 나오는지 모르겠다고
성적 상상력을 자극하려는 의도로 보이는데
자연스럽지 못해서 오히려 역겨웠다고
한탄했다지만

2.
프로이트가 죽어서도 온몸을
담그고 싶어 한 것은

엄마의 자궁처럼 생긴
그리스 항아리

아내의 자궁처럼 생긴
그리스 항아리

애인의 자궁처럼 생긴
그리스 항아리

딸의 자궁처럼 생긴
그리스 항아리

비문秘文

3월 20일 오전 9시 10분의 목련나무는
왜 하얀 이빨 목련나무이며
3월 20일 오전 9시 12분의 목련나무는
왜 누런 이빨 목련나무인가
3월 20일 오전 9시 15분의 동백나무는
왜 빨간 이빨 동백나무이며
3월 20일 오전 9시 20분의 동백나무는
왜 분홍 이빨 동백나무인가

톱니바퀴처럼 맞물려 돌아가는 흙냄새의 비밀을 미리 알아 챈 까닭인가
101마리 달마시안처럼 온몸에 하얀 점을 뒤집어쓰고 동쪽 해를 바라보는
비행기 속도보다 더 빠르게 달려가는 공기 냄새의 비밀을 눈치 챈 까닭인가
밤 공기를 흡혈귀처럼 빨아먹던 매화의 산기도 사라지고
낮 공기를 집요하게 낚아채던 복사꽃 출산도 끝이 났다
갯버들 사이에서 피어나던 아지랑이처럼
낯섦과 익숙함 사이에서 노란 꽃가루 눈물 흘리고
미선나무는 복수초와 미나리아재비과라는 걸 잊지 않는다

복수초는 미선나무와 미나리아재비과라는 걸 잊지 않는다

꽃

호포행 이호선 지하철 타고 가다
내릴 곳이 못골인지 지게골인지 자동문 앞 기웃거리다
차창 밖 기둥 뒤, 불에 까맣게 그을린 미아리 텍사스 그녀를 본다

달맞이 고개 힘겹게 핀 보랏빛 진달래꽃 생각하다
동백꽃 핏물처럼 번진 울산공업탑 생각하다
일본 지문날인 거부 14년 보낸 제일동포 최선애를 생각한다

어쩌면 봄은 생각만 하다 머리 하얗게 센 목련 같은 꽃

불에 타버린 그녀의 캄캄한 눈빛을
차마 마주 보지 못하는
무인 매표소의 쓸쓸한 이마

별의 뇌 깊숙이 박힌 칩 속으로
멀리 떨어진 섬을 충전하고
불에 타버린 그녀의 맨발을 충전하고
지친 레일 위에 퍼질러 앉아 목메어 우는 상복 입은 갈매기를 충전하는데

불에 탄 검은 입술
내 등을 툭툭 친다

여기가 제가 내릴 곳 맞나요?

재만 남은 그녀의 두 눈
충혈된 내 눈동자의 젖꼭지
부드러운 쌀밥처럼 핥아먹는다

데이지

조조할인 2000원에
CGV카드할인 2000원
2000원으로 영화 한 편 보았네

데이지 너무 슬펐네
너무 가슴 아팠네
정우성 눈빛은 간절했고 로맨틱했지
전지현의 실크 스카프처럼 가느다란 몸짓과 분홍빛 피부는 더 돋보였어
이성재를 좋아하는 전지현
그를 숨겨진 사랑 데이지 꽃으로 아는 그녀

페미니스트들이 보면 한바탕 들고일어날 것 같은 영화
남자의 우유부단이 한 여자 다 망쳐놓았다고
사랑 같지도 않은 사랑이 한 여자 목숨 다 절단 냈다고
아줌마들이 들고 일어날 것 같은 영화
나도 아줌마지만 아줌마들 정말 무섭네
혼자 있을 때보다 여럿이 있을 때 더 용감해 보이는 아줌마의 파워
한 여자 어렵게 견뎌온 숨통쯤이야 쉽게 요리할 수 있지

한 여자 어렵게 이어온 끼니쯤이야 쉽게 요리할 수 있지

오늘도 제로 인생 흘러가네
제로라서 좋은 하루
제로라서 좋은 어제
제로라서 좋은 내일

실수투성이 필애의 하루

야 너 정말 실수한 거야
아줌마들이 식칼을 들고 달려온다

제로라서 좋은 꿈

재투성이 신데렐라
실수투성이 필애렐라

입구의 입술

1

신시가지 초등학교 운동장에 앉아 커피를 마신다
비틀거리는 자전거를 타고 달리는 아이
텅 빈 농구대
야구하는 아이들
예고 없이 쏟아지는 소나기
비가 종이컵 속으로 들어가 커피와 몸 섞는다
출구를 찾아 망설이는 무리들
강아지풀이 빗속에 떨고 서 있다

2

저녁 내내
냉장고 옆에 누워 있다
윙- 소리가 울릴 때마다
몸속에 죽어가던 비가 두어 바퀴 맴돌았다
오랫동안 스스로 불 밝히지 않는, 스탠드 전구 알을 갈아 끼웠다
푸른 불꽃이 튀면서 찢어진 모노륨 속으로 정전이 스며들었다

두꺼비집에는 두꺼비가 없다
나는 세 개의 촛불을 밝히고
돌아오지 않는 비를 기다린다
희붐한 새벽빛이 내 이마를 짚었다
돌아오는 것보다 돌아오지 않는 것이 더 많은 나날들
때론 믿고 싶지 않을 걸 믿어야 한다
불 꺼진 회화나무 한 그루
출구를 찾지 못한 채 제 목을 감고 구불거린다

장마 1
–가두다

이십 년 동안 보철 속에 갇혀 지낸 어금니가 나를 찾아왔어
짙은 밤안개에 쫓기며 창틀에 목을 매달고 헉헉거리더군
　　…길을…건너는데…고양이…한…마리가…움찔거리며…거리에…몸을…내…던졌어…

줄 끊어진 해바라기 시계가 나를 찾아왔어
　　…언제까지…. 나를…우물…밑바닥에…가두어…둘…거야…

푸른 벽지를 바라보다 문득
왜 그리 가두고 살았을까
너 그리고 나
쌀통 속에 쌀을
옷장 속에 이불을
화장실 속에 변기를
뽑아 던진다
날아라 날아
날개야
소름이 돋는다
이빨이 솟아오른다

잠재된 너 그리고 나의 전생이
좁은 하늘의 이마를 비집고 날아다닌다

부리가 시퍼렇게 멍드는 비

귀신고래에 대하여

다락방 氏는 귀신고래에 대하여 시 한 편 써 달라는 청탁을 받았다 다락방 氏는 어릴 적부터 밀물처럼 드나들던 바다의 옥탑 방까지 뒤져보았지만 고래의 콧구멍도 만날 수 없었다

아마 귀신고래는 처음부터 없었던 거야 그래 돈 안 되는 시 때려치우고 차라리 사이버 귀신고래를 잘 이용하면 고래와의 이별 아닌 이별을 그리워하는 이들에게 좋은 상품이 될 수 있어 빼빼로데이에는 고래껍질로 만든 푸른방수장갑을, 블랙데이에는 고래수염으로 만든 검은자장면을, 화이트데이에는 고래힘줄로 만든 팬티스타킹을…흐흐…메기를 고래로 만드는 건 나만의 특허이지

다락방 氏는 남한과 북한에 떠돌아다니는 메기의 영혼을 위조지폐로 모두 사들였다 매부리코 선장에게 심장을 김밥처럼 말아 바친 메기, 자신의 이빨을 깎아 만든 목걸이를 이 세상에 하나밖에 없는 상아 목걸이라고 매부리코 선장 부인에게 갖다 바친 메기, 가시를 뽑아 분쇄기에 갈아 만든 구슬 달린 특수 콘돔을 매부리코 선장 내연의 남자에게 뇌물로 바친 메기…유명해지고 싶어 제 발로 찾아온 대머리 메기의 영혼도 있었다

그런데 이상한 일이 일어났어 난 지금도 어젯밤의 그 일이 믿어지지 않아 하회탈처럼 우리를 지켜보던 서쪽 달이 막 일을 끝낸 그녀의 실룩거리는 엉덩이를 노란 실크이불 같은 달빛으로 덮어주고 있었지 나는 여느 때처럼 일 초마다 늘어나는 저금통장의 동그라미를 세며 그녀의 꼬불꼬불한 털을 기분 좋게 쓰다듬고 있었어 그런데 갑자기 오른 손금이 갈라지더니 귀신고래 한 마리가 꾸물꾸물 애벌레처럼 기어 나오는 게 아니겠어 틀림없이 사이버에서 만난 그 귀신고래였어 나는 고래의 작은 귀를 꽉 깨물어 보았지 흐흐…고래가 긴 혓바닥으로 내 턱을 부드럽게 핥아주더군 무섭지 않았냐구 저금통장 동그라미 냄새를 맡은 그 녀석은 시키지 않던 짓도 하던 걸 흐흐…

다음 날 석간신문에 울산시 장생포 다락 동에 사는 마흔다섯 살 송 다락방 氏가 혼자 세 들어 사는 옥탑 방에서 고양이 뼈로 만든 빈 지갑을 오른 손에 꼭 쥔 채 시체로 발견되었다는, 사망원인을 알기 위해서 시체를 부검하기로 하였다는 기사가 사회면 맨 밑줄에 보일 듯 말 듯 실려 있었다

태정박물관*

오래된 목가구 장식이 별처럼 둥글게 빛나고 있다 감아 잡는다고 감잡이, 문 여닫을 때마다 임 생각한다고 나비 장식, 반달이 문 올리면 보름달, 문 내리면 반달, 박쥐는 복과 장수를 입에 물고 박물관 주위를 날아다닌다

낡은 비단 골무 속 어두운 골목, 실패를 감고 또 감는다 모퉁이에서 불쑥 나타난 논개 내 몸 실로 칭칭 감는다 남강으로 뛰어든다 이상이 발가락 잡아당긴다 실 같은 사과나무뿌리 머리카락 잡아당긴다 검은 기차 밤꽃 향기나는 여자아이 태우고 갑옷처럼 서 있는 촉석루 옆 지나간다 검은 터널 속으로 들어간다 이마 뜨거운 속력 침묵의 입술 속으로 흘러 들어간다

옥천사 스님의 푸른 눈빛 같은 모, 내 눈동자 가득 모 심고 떠나가는 모, 의 뒷모습이 장삼처럼 길게 늘어진다

텅, 비어있는 장독
텅, 비어있는 고요
텅, 비어있는 어둠
텅, 비어있는 바다
텅, 비어있는 섬

골무 속, 검게 때 묻은 전화벨 울린다, 오래된 목가구 장식이 달마의 눈동자처럼 두 눈 부릅뜨고 나를 노려본다

*진주에 있는 박물관

투명수갑의 시대에 입장한 E마트

고등어 비린내
톱밥 속의 게
투명 비닐 속의 굴
투명 비닐 속의 콩나물

투명 비닐 속의 하루
투명 비닐 속에서 뿌리가 자란다
투명 비닐 속 연의 지하경처럼
투명 비닐 속의 끈적거림
투명 비닐 속에서 줄기가 자란다
투명 비닐 속의 깻잎
투명 비닐 속의 콩잎
투명 비닐 속의 물김치

투명 벨트
투명 브래지어
투명 팬티

무광의 시대에서 야광의 시대에서 투명의 시대에 입장한, 카트기를 밀며 사방을 두리번거리는 뿌리 잘린 파인애플. 계산대

앞에 서있는 투명 앞치마가 투망을 던지듯 파인애플을 덮어씌
운다 '철거덕' 수갑 같은 세로줄 가격표를 붙인다

노란 우유와 붉은 비

벌컥벌컥
걸신쟁이처럼 우유를 마시는 그녀

그녀의 몸속에는 팔 개월 된 비가 내리고 있다
흙탕물에도
안개에도
생각에도
우유에도 젖지 않는
비비비비비비새

그녀는 비를 눈사람처럼 둥글게 뭉치며 논다
때로는 동백 씨앗처럼 잘게 부수기도 하고 입안에 넣어 카레라이스처럼 오물거리기도 한다

그녀에게
비는 호박부침개다
달콤, 고소, 부드러운 날개를 단

그녀에게
비는 장안사 개구리참외다

새콤, 달콤, 사각사각 두 팔을 단

그녀에게
비는 백련암 화단 앞에 지팡이 들고 서있는 목련나무이다

팔 개월 된 비가
비를 맞으며 빗속에 서 있다
빗속에서 잠을 자고
빗속에서 비를 낳는다

붉은 가사 두르고 천 년 묵은 여우꼬리뼈로 만든 지팡이를 들고

계란꽃
-立春

1.

낙타가 계단을 내려간다

두두둑두두둑

바다 위에 떠있는 포클레인

비둘기 목덜미 물어뜯는 갈색줄무늬 고양이

새끼 낳은 어미 박쥐 태반을 먹는다

암치타가 신문나무에 오줌을 갈긴다

숫치타가 신문나무에 오줌을 갈긴다

킁킁 서로의 향기를 확인한다

2.

낙타가 새끼를 낳는다

모래 위에 등을 비비며

두두둑두두둑

눈가에 붉은 비가 내린다

오렌지가 피었다

오렌지가 피었다

담벼락에 노란 오렌지가 피었다

3.

차가운 우유가 전자레인지 속을 발레하는 바비인형처럼 빙빙 맴돌고 있어

바보같이… 떠나는 법을 잊어버렸나 봐

낙타가 계단을 지우고 있어

노을이 구름을 지우고 있어

계란에 노란 꽃이 피었네

바보같이 떠나는 법을… 잃어버렸나 봐

모과 놀이

노랗게 익은 모과나무 옆
여자아이 셋 놀고 있다

등을 치고 달
팔을 치고 달아
엉덩이를 치고 달아나

다시 모여 모과 향기를 맡는다

회색 스웨터를 입은 바람
보름달의 손을 잡고 모과나무 속으로 스며든다

보름달과 바람이 낳은
여자아이 셋

등을 치고 달
팔을 치고 달아
엉덩이를 치고 달아나

다시 모여 모과 향기를 맡는다

비운다

달을 한 칸 비우고

해를 한 칸 비운다

어떤 날은

달을 한 칸 뛰어 넘는다

해를 한 칸 뛰어 넘는다

징검다리놀이

해도해도 정겨운 놀이 해가 가도록 한다

산을 한 끼 뛰어 넘는다

강을 한 끼 뛰어 넘는다

사슴을

여우를

반달가슴곰을

줄기세포를

스너피를

한 칸 뛰어 넘는다

해와 달이 가득 찬 날

나는 산과 강으로 몸을 찢어 피를 쏟는다

식물에 대한 예의

꽃 핀다고 잎이 까칠하네

꽃 진다고 새들이 까칠하네

그가 떠난다고 하얀 까마귀

날개 퍼덕이네 대나무 사이

죽순 사라지고 은방울꽃

속치마 새벽이슬 찰랑거리네

열매 열린다고

노란 노을 기웃거리네

열매 떨어진다고

하얀 안개 기웃거리네

칠성무당벌레 매니큐어 바르고 있네

자운영꽃밭에서 꽃사과 나뭇잎을 따네

비스킷처럼 생긴 나뭇잎구름 타고

공동묘지 목 짧은 기린 찾아 가네

노란 일곱 개의 별 인조손톱 찾아 가네

여성인권센터 비망록
–7월 4일

1.

팔손이 나뭇잎 바람에 뚝뚝 떨어지는구나 아이스크림, 나뭇가지 개미 달라붙는구나

바람이 치마를 뒤집는구나 보이지 않는 네가 아니 보이는 네가 내 마음을 헤엄치고 다니는구나

주부극단 파라질 연극 연습하는구나 따르릉 따르릉 전화 안 받니? 너는 어쩜 너밖에 모르니? 저 아이들이 불쌍하지도 않니? 그래 난 내 멋대로 살기로 작정했어. 왜 난 전화를 받지 않을 자유도 없어?

2.

옥상에 빨래 펄럭이고 수박 껍질 말라가고 해 품은 물 비명 없이 사라진다

엄마가 엄마의 뺨을 때린다 딸이 딸의 팔을 붙잡는다 옥상에 빨래들 팔이 자란다 하얀 머리카락이 자란다

엄마가 엄마의 귀를 물어뜯는다 딸이 딸의 손가락을 물어뜯는다

이천 년 전 물달개비 꽃가루, 국화 꽃가루, 편충알, 회충알이 바람에 흩날린다

마리나의 방 11
–동해 여인숙

들어가고 싶어

안돼안돼

들어가고 싶어

안돼안돼

들어가고 싶어

안돼안돼

들어가고 싶어

안돼안돼

마리나의 방 15

그가/다시 돌아 왔다/그녀의 몸속에/돌멩이 밀어 넣는다/죽은 가로등 밀어 넣는다/그녀의 신장에서 선인장 쏟아진다

그녀가/다시 돌아 왔다/그의 몸속에/우산 밀어 넣는다/죽은 비둘기 밀어 넣는다/그의 신장에서 선인장 쏟아진다

그가/그녀가/출렁인다

그가/그녀가/다시 돌아 왔다/

마리나의 방 20

거문도에 간 그에게 전화가 왔다/전화선이 하얀 파도를 토했다/푸른 물고기와 갈매기를 토했다/그녀는 허겁지겁 파도와 물고기와 갈매기를 집어 삼켰다

율도에 간 그에게 엽서가 왔다/엽서가 수평선을 토했다/멍게와 해삼과 전복과 소라를 토했다/그녀는 허겁지겁 수평선과 멍게와 해삼과 전복과 소라를 삼키지 않았다

서늘한 그늘 속에 오래오래 말렸다/그가 점점 검은 불가사리처럼 굳어 갔다

4부

입추

보아 구렁이가
굴러다니는 해를 삼켜버렸다
붉은 혓바닥은
천둥과 번개를 내뱉었고
귀뚜라미는 밤새
풀숲에서 웃었다

매미의 입술

매미가 형광등에 붙어 퍼드덕거린다

나는 찬물에 밥 말아먹는다

매미가 형광등을 떠나 퍼드덕거린다

나는 찬물에 밥 말아 신 김치를 얹어 먹는다

매미가 다시 형광등에 붙어 퍼드덕거린다

나는 다 비운 밥그릇에 차가운 보리차를 부어 천천히 마신다

손등으로 쓰윽 입술을 훔친다

눈이 눈을 잠시 붙인다

비운 밥그릇에 훔친 입술이 떨어진다

새벽은 흐트러진 튤립처럼

달은 이미 아파트 벽을 넘어 시야를 벗어나고 있다

새벽 네 시의 반달
타클라마칸사막을 건너는 단봉낙타의 슬픈 혹,
그러나 호미처럼 굳건한 달

철조망 너머 지저귀는 새 울음소리
청아한 목련의 높은음자리 목 쉬어 있다

나트륨 가로등 꺼지고
잉크 떨어진 만년필처럼 점점 흐려지는 새 울음소리
검게 피어오르는 수풀들

새벽은
흐트러진 튤립의 젖꽃판을 밟으며 축대 아래로 아래로 사라
진다

봄, 우물
–雨水

비에 지쳐버린 유모차
얌전한 강아지처럼 뜰 안에 누워 있다

봄이 되지 못하고
봄을 떠나보내는
쓰레기통 옆 초록빛 그물망 속의 텅 빈 페트병

누구나 봄이 되기를 기도하지만
봄은 봄을 버리고

봄의 우물은
비로소
때늦은 허물을 벗는다

국밥 위에 뜬 멸치 눈알

너 무슨 생각하고 있니?

멸치 눈알을 노려본다
너는 죽었으나 죽지 않았다
살아있는 듯 명료하고 지혜로워 보인다
맵고 짠 뜨거운 몸에서 빠져나가
비로소 당당히
혼자가 된
자유가 된
너

입춘 정류소

정류소에 기대어 하늘을 바라본다

실지렁이 같은 햇살이 눈동자를 간질인다

눈동자가 젖는다

햇살의 등줄기를 쓸어내린다

네가 있어 행복한 은행나무가 되곤 했는데……

2001번 논스톱으로 지나가고

302번 놓친다

오늘도

노란 눈동자를 재빨리

상하좌우로 굴리지 못해

특급도

직행도

놓치는,

햇살이 은행나무 옆구리를 찌른다

꿈틀꿈틀

하얗게 기어 들어오는 햇살을 눈雪처럼 맞고 서 있는 정류소가 있다

단수斷水된 오전은 무슨 생각을 하고 있을까

붉은 다라이에 물들이 몸을 푼다
구름을 낳고 비둘기를 낳고 꽃잎을 낳는다

누드베키아 노란 꽃들이 어린아이를 삼키고
한 점 혈육처럼 떨어지는 꽃잎들

부들이 지고 개망초가 지고
복숭아나무에 붙은 무당벌레의 날개가 진다

바람이 입술을 내밀고 걸어간다
바람이 가슴을 내밀고 걸어간다
바람이 두 팔을 흔들며 걸어간다

별과 나무가 걸어간다

그늘이 부채처럼 펼쳐진다

황사, 너의 지하경地下莖은

무릎 뼈가 오래된 고무신처럼 닳은 어머니가
설거지를 하신다

눈동자가 오래된 양말 뒤꿈치처럼 닳은 어머니가
바느질을 하신다

변기 속의 하루살이들
설거지통 속의 구더기들

삶은 연근 같은 어머니의 잇몸 속
잘 맞지 않는 틀니가 달그락거린다

갈라진 엄지손가락 사이로 흘러온 어머니는
고비사막을 건너온 황사였다

노란 방바닥에 농약가루처럼 뿌려져있는
해체되지 않는 어린 시절의 고단함들이
날카롭고 둥근 바늘과 단추와 가위와 실들을 집어삼킨다

벌초伐草

그가 팔순 어머니를 업고 덤불의 강을 건넌다

안 업힐란다 안 업힐란다

하시던

이 없는 어머니

잠자는 아기처럼 아들의 등에 업혀 강을 건넌다

니 처갓집에 잘해야 된데이

니 집사람한테 잘해라이

서로 서로 불쌍하게 생각하고 살으래이

소주 한 잔 입안에 호박잎처럼 접어 넣으며

당부 또 당부하는

어머니의 입안에

호박빛 노란 노을이 진다

사경寺景을 헤매다

허리에 주황색 띠 두른 말벌

연둣빛 애벌레 한 마리 물고

섬돌 위 기어오른다

기어오르다 떨어지고

기어오르다 떨어지고

꿈꾸는 아기 속눈썹처럼 파르르 떨리는 날개

하얀 고무신 신은 메뚜기

섬돌 위로 폴짝폴짝 뛰어 오르더니

어디론가 사라지고,

산해정山海亭*을 만나다

대청마루 검정 쌀처럼 흩어져 있는 쥐똥

방 안 낡은 목침 하나 체크무늬 푸른 휴지통 하나

개불알 꽃잎만 한 검은 벌레 한 마리 기어간다

기와지붕 위 원앙새 날고

세 남자 한 여자 신발을 벗는다

텅 빈 곳간

알몸으로 나뒹구는 깃털 하나 거울 하나 금간 액자 하나

고드름처럼 매달린 아카시아들이 밤꽃 향기에 홀린 듯 치마를 벗는다

* 남명 조식 선생이 강학하던 곳. 경남 김해 대동면 주동리에 있다

빨간 플라스틱 물바가지가 따뜻하다

감로사 감로수 바위 위
와불로 누워 있는
빨간 플라스틱 물바가지

긴 손잡이
햇살에 젖은 장독처럼 따뜻하다

울고웃고성내고짜증내는
얇고 두꺼운 입술들의
갈증을
보리수 잎 띄운 물처럼
천천히 들이마시는
빨간 플라스틱 물바가지
둥근 엉덩이가
바람 한 줄기
햇살 둘 줄기
아기 웃음 세 줄기
도라지나물 넣고 버무린
고추장 비빔밥처럼
따뜻하다

가위 바위 보 하나 빼기

나는 내 몸 안에 스며든 고요와 가위바위보 한다

가위바위보 하나 빼기
나는 엄지손톱 하나를 뺀다

가위바위보 하나 빼기
나는 보랏빛 수정 반지를 뺀다

가위바위보 하나 빼기
나는 갈비뼈 하나를 뺀다

동굴처럼 생긴 귀걸이를, 스핑크스 지갑을, 지갑 속 사랑하는
그의 사진을 뺀다

가위바위보 하나 빼기
나는 내 몸 안에 스며든 피라미드를 뺀다

나를 바라보던 고요가
나를 조용히 '고요'라고 부른다

마리나의 방 2

비둘기 두 마리 낙엽 사이를 돌아다닌다
한 마리 푸르르
이층 세탁소로 날아가고
한 마리 내 주위를 서성거린다
왼쪽 가슴이 기울어져 있다
걸을 때마다 한 계단 더 기울어진다
돌아보는 목이 비틀거린다

동그란 붉은 눈
주홍빛 속눈썹이 깜박거린다

푸르르
날개가 춤을 춘다

날 수 있을까?
날 수 있을까?

빙그르르
허공을 한 바퀴 돌아
수영 요트 장으로 날아간다

비틀어진 날개가

견성암*

견성암으로 올라가는 길
가에 핀 버들강아지
통통하게 살이 쪄 있다
내가 키우는 푸들 강아지 '바다'
의 거시기처럼 생긴 그것을 한참 들여다본다
버들강아지들이 바람이 불 때마다
고개를 부드들 떤다
저마다 몽정을 한다

보랏빛 수국, 달개비꽃 피어있는 길
가에 허리 굽은 노老 비구니
지팡이 짚고 절 안으로 들어간다
배롱나무
배롱배롱
까치
까악까악
물
졸졸졸
살아있는 것이 살아있는 것을 부른다

*충청도 홍성에 있다. 비구니 스님들이 공부하는 암자

질문

전자레인지가 돌아가는 소리를 듣고 있으면 시간이 흘러가는 걸 온몸으로 느낄 수 있다 함박눈이 펑펑 내리는 경기도 이천 그리운 이의 목소리를 들으면 팽팽하던 전화선이 나른하게 누워있는 눈 속으로 스며든다 그리운 동물이여 전자레인지가 돌아가는 순간에도 세탁기가 돌아가는 순간에도 입춘 지나 우수 지나 초록빛 싹들이 대지를 뚫고 올라오는 저 순간에도 나는 사랑을 잊은 적이 없는가 가난한 나의 영혼에게 묻는다.

● 해설 ●

혼의 노래
–송진 시의 의미

김경복(문학평론가, 경남대 교수)

생의 온 힘을 끌어올려 꽃은 캄캄한 어둠을 뚫고 자신의 존재성을 지상에 드러낸다. 아름다운 모습으로 드러나기까지 저 어둡고 막막한 땅을 뚫고 나오는, 거기에 더하여 아무 데도 의지할 수 없는 허공에 자신의 거처를 마련하기 위해 촉수를 내미는 힘겨운 투쟁은 오직 자신의 전 존재성을 발현할 수 있는 형식, 즉 꽃이라는 삶의 형식을 얻기 위한 것이다. 그것은 존재의 지난한 고투苦鬪 끝에서야 얻어지는 결실일 것인데, 그때 꽃은 무형을 유형으로, 이 세계의 무의미를 의미로 바꾸는 생의 의지이자 가장 고귀한 예술적 행위 그것이다.

때문에 이 꽃이 자신의 존재성을 발현하기까지 가지고 있을 내면을 상상해보는 것은 우리 인간의 삶에 대한 숙고에 큰 도움이 된다. 그것은 한 마디로 극한의 몸부림 그 자체 아닐까? 꽃은 자신의 존재성을 드러내기 위해 생의 전부를 건다. 가장 고독한 상태에서 가장 치열하게 투쟁함으로써 아름다운 형식과 의미를 획득하고 있는 것이다.

평범한 눈길로 이 꽃의 내면과 외면의 의미를 파악하기는 힘들 것이다. 이와 똑같이 인간 존재의 발현 양식을 얻기 위해 몸부림치는 시인의 생각도 범상한 시선으로는 쉽게 이해할 수 없을 것이다. 특히 들끓는 내면을 지닌 채 이 무료한 산업자본주의 현실에 상처입고 으르렁대는 시인을 일상에 붙잡힌 채 살아가는 우리들로서는 쉽게 이해할 수 없을 것이다. 삶은 다양하고 저마다 상처 하나씩은 입고 산다지만 생의 본질로서 주어진 생세계의 문제에 예민하게 떨고 있는 저 시인이라는 존재를 어떻게 쉬이 이해할 수 있겠는가? 그러나 존재의 문제로 아파해본 사람이라면 알리라, 시인은, 시인 중의 시인은 삶의 진정한 의미를 찾기 위해 안락으로 가장된 일상에 온몸으로 피 흘리며 싸우고 있는 자라는 것을. 우리들의 생활에 깃든 결핍을 구체화하고 보다 높은 단계로 그것을 상징화해 내는 존재라는 것을.

이 같은 생각은 송진 시인의 시를 읽으며 갖는 소감이다. 시인 랭보가 일찍이 앓았던 시인으로서의 천형天刑을 유감없이 보여준다고나 할까. 랭보는 「지옥에서 보낸 한 철」이란 시에서 "터무니없는 독을 꿀꺽 삼켰다"고 말했다. '터무니없는 독', 그것은 강렬한 생의 의지를 가리킬 터이지만 일상화되고 타성화된 상태에서 보자면 터무니없는 광기狂氣 그것 아닐까? 그 점에서 시인은 범인과 다르다. 본질적으로 시인이란 생의 본질적 모순을 직시하고 그것을 직접 몸으로 겪어보는 자다. 그 과정에서 발생하는 신음과 절규는 각성된 존재로 태어난 운명의 표현이다. 아니 운명에 대한 분노다. 운명의 부름을 알고 그 부름에 화답할 수 있는 자를 선지자라 한다면 시인은 선지자인 것이며, 그 점에서 송진은 자신의 운명의 부름에 전율하고 그 다가올 고통에 민감히 반응하고 있다는 점에서 선지자인 동시에 그 고통의 무늬가 일상의 논리로 수렴되지 않는 면모를 보인다는 점에서 '터무니없는 독'을 꽤 많이 삼킨 시인인 게 분명하다. 이번 첫 시집에 실린 시들의 도처에 직조된 광기와 그 광기에 몸부림치는 화자의 고통이 그것을 증명한다.

고통의 소리는 절규이므로 일상적 어법으로 나오지 않는다. 종교에서 말하는 '방언'에 가깝다. 그녀의 시가 특이한 상징적 수법과 일상적 언어 논리에 위배된 표현으로 가득 찬 것은 그녀의 내면적 고통이 그만큼 도저到底하고, 일상과 범상의 차원에서 읽혀지기를 거부한다는 말이기도 하다. 어떤 영적인 상태에 붙잡힌 자의 중얼거림 같은 것이어서 그녀 시의 내면을 이해하고 중심에 가 닿기란 참으로 어려운 일이다. 때문에 그녀 시를 이해하기 위해 우리들 역시 일상의 건조한 논리에서 벗어나 조금은 현실과 환상의 경계에서 중심을 잡는 긴장된 마음으로 그녀 시가 구축하는 상상력의 결을 따라가 볼 일이다.

폐허 위의 비망록

일상적 논리를 거부하고자 할 때에는 그만한 까닭이 있을 것이다. 그 까닭은 다음과 같은 풍경에서 비롯된 것은 아닐까? 그녀 시가 건설하는 세계에 첫 발을 내딛었을 때 부딪치는 풍경은 '폐허'다. 그녀 시의 도처에 새겨지는 생세계의 모습은 파괴되고 끊어지고 부서지는 삭막하고 비정한 현실이다. 다음 시들이 그것을 잘 보여준다.

> 목이 기역자로 구부러진 가로등이 구멍 숭숭 뚫린 건물을 바라보고 있다 피 흐르는 무릎을 꽃무늬 원피스로 찢어 묶은 내가 일곱 살 난 아들의 손을 잡고 구름다리를 건너고 있다 그로즈니의 길가에 서 있는 머리가 없는 자동차, 머리가 없는 트럭, 머리가 없는 자전거
>
> 머리 없는 자전거가 걸어간다 나도 걸어간다 일곱 살 아들도 걸어간다 구름다리가 옆으로 흔들린다 뛰어라 뒤돌아보는 순간 순간순간 너, 나, 우리, 는 폐허가 된다
>
> 전투기가 날아간다 미사일이 날아간다 핵폭탄이 날아간다 해골이 날아간다 나는 기억의 동굴 속으로 날아간다 일곱 살인 내가 총 대신 부러진 연필을 들고 전쟁놀이를 하고 있다 어둠이 나를 노려본다

정전이다 나는 어둔 속에서 잘 익은 수박의 귀를 베어 먹는다 피투성이 체첸 공화국을 베어 먹는다 일곱 살인 나를 베어 먹는다 까맣게 그을린 뼈를 퉤퉤 뱉으며

—「그로즈니 길가」 전문

귀밑머리 하얗게 센 그녀와 노란 봉고를 타고 구름을 찾아 떠났다 가는 곳마다 길이 뱀처럼 엉키고 절벽으로 변하였다 그녀와 나의 겨드랑이에 자라던 아기들이 내리고 싶다고 백 일 동안 울었다 금자동아 은자동아 세상천지 으뜸동아 금을 주면 너를 살까 은을 주면 너를 살까 잠자지 않고 노래를 불렀다 그런데 노래는 나오지 않고 피눈물이 쏟아졌다 우유를 타기 위해 우물을 찾았다 우물마다 쇠뚜껑이 덮여 있었다

—「금자동아 은자동아」 부분

「그로즈니 길가」는 스스로 폐허를 노래하고 있다. 독립을 추구하는 체첸 공화국에 러시아가 침공하면서 폐허로 만들어버린 그로즈니시를 시적 공간으로 삼은 것이다. 그런데 이 시에서 중요한 것은 강대국 러시아가 약소국 체첸 공화국을 침략한 정치적 사실에 있지 않다. 중요한 사실은 시적 화자가 그곳에 존재하고 있고, 심리적 현실로 파괴의 실상을 느끼고 있다는 사실이다. 이는 이념보다 그녀의 심리적 내용이 더 중요하게 시적 내용으로 투사되고 있다는 말이 된다. 방송에 나온 폐허의 모습은 시인의 마음을 붙잡았고, 그녀의 자의식 속에서 또 다른 의미로 활성화되어 정체를 드러낸다. 즉 삶은 폐허, 그것

아닌가라는 인식을 드러내고 있는 것이다.

특히 이 시에서 "뒤돌아보는 순간순간순간 너, 나, 우리, 는 폐허가 된다"는 시적 언명은 여러 가지로 시인의 의식 세계를 생각해보게끔 한다. 우선 '뒤돌아본다'는 행위에 대한 시인의 의식이다. 뒤돌아보는 것은 돌이켜 살펴본다는 것과 같은 말이다. 즉 '반성反省'이다. 반성적 사고는 인간만이 할 수 있고, 인간 중에서도 자신의 삶에 대한 깊은 성찰을 수행하는 사람만이 할 수 있는 일이다. 뒤돌아보는 행위는 무의미로 가득 찬 일상적 삶의 과정에 하나의 균열을 내는 행위이자 살아온 삶에 대한 확인이고 의미 부여인 것이다. 때문에 고도로 의식적이고 예민한 사람들만이 뒤돌아보는 일을 할 수 있다. 시의 내용으로 볼 때 그것이 비록 '폐허'라는 고통으로 주어지고 있지만 시인은 뒤돌아보고 자신의 삶의 의미를 발견하고 있다. 그 점에서 송진은 자신의 삶에 대한 끝없는 성찰을 꾀하고 있는 사람임을 알 수 있다.

그런데 아들에게 "뛰어라"라고 명령하는 시적 내용으로 볼 때 시인은 뒤돌아보지 말 것을 주문하고 있다. 흔들리는 현실 위에서 뒤돌아보지 말고 앞만 보고 쭉 가라는 전언이다. 그것은 뒤돌아보는 순간 자신과 자신의 삶의 의미가 '폐허'가 되리라는 위기의식에서 유래한다. 즉 뒤돌아보는 행위 자체가 고통이 된다라는 사실의 환기다. 그 점에서 뒤돌아보는 행위는 최소한 송진 시인에게 '금기'가 된다. 마치 그리스 신화에서 오르페우스가 그의 아내 에우리디케를 저승에서 구해오면서 뒤돌아보지 말 것을 주문받았던 것처럼 말이다. 그러나 시인은 뒤돌아보고 만다. 금기를 어기고야 마는 심리를 드러내고 있다. 시에서 "일곱 살인 내가 총 대신 부러진 연필을 들고 전쟁놀이를 하고 있다"에서 그것을 알 수 있다. 금기를 위반하고야 마는 것은 무엇 때문일까? 삶이 폐허임을 확인하고야 말겠다는 저 심리(시에서 그것은 "피투성이 체첸 공화국을 베어 먹는다"는 언표로 나타난다)는 도대체 어디에서 유래한 것일까? 폐허 앞에 도달한 독자로서 갖는 의문이다.

두 번째로 생각게 되는 것은 '폐허'의 이미지다. 시적 화자가 뒤돌아본다고 왜 이 세계가 '폐허'이어야 하는가? 뒤돌아보는 행위 자체가 삶에 균열을 냄으로써 일정 부분 고통이 된다는 앞의 의미 부여처럼 심리적 차원에서의 폐허를 연상 못할 것도 없지만 반드시 돌아보는 현실이 폐허일 필요는 없어 보인다. 폐허의 이미지로 현실이 펼쳐지는 것은 송진만의 어떤 특별한 의식적 현상에서 유래된 것으로 보이는 것이다. 사실 19C 말 상징주의 이래로 예술가의 심리에 붙잡힌 산업자본주의 현실은 인간의 진정성을 증발시키고 말았다는 점에서 '폐허'라고 불렸다. 단순히 전쟁 등으로 인한 파괴의 현실을 뜻했다기보다 세기말적 염세주의에서 출발했거나 삶의 가치가 실종된 삭막한 현실 세계를 그렇게 부르고자 했다는 의미에서 말이다. 이 점은 일정 부분 송진 시인에게도 연속되고 그녀의 심리적 차원에서도 검출된다. 그러나 그녀가 문제 삼고 있는 폐허의 이미지는 관념상의 문제만은 아닌 것 같다. 그녀에겐 아들과 함께 이 폐허를 벗어나기 위해 "뛰어라"라고 부르짖을 만큼 어떤 물질적 절박성이 내재해 있는 것으로 보인다. 그것은 개인적 차원의 고통의 경험에서 유래한다고 볼 수 있지 않을까? 그녀가 살았던 생세계가 언제나 치욕과 회한으로 물들은, 다시 말해 부정하고 싶은 날들로 점철되어 있기 때문은 아닐까? 그래서 뒤돌아봐서는 안 된다는 강박관념이 금기처럼 작동하고 있었던 것은 아닐까? 그렇게 본다면 '폐허'는 단순한 수사가 아니라 그녀의 깊은 자의식 세계에서 투사된 물질적 현실이다. 반드시 탈출하고 말아야 할 현실적 수렁인 것이다.

그렇게 볼 수 있는 것은 그녀의 이러한 생세계의 문제가 단순히 '뒤돌아봄'이라는 어사에 있지 않음을 그 다음 시에서 볼 수 있기 때문이다. 즉 앞만 보고 가면 괜찮겠지 하는 짐작은 그녀 시에서는 맞지 않는다. 이 사실을 「금자동아 은자동아」에서 발견할 수 있다. 이 시에서 시적 화자에게 세계는 "가는 곳마다 길이 뱀처럼 엉키고 절벽으로 변하였다"로 나타난다. 이것은 뒤돌아보아 발생하는 것이 아니라는 점에서 그녀의 의식 세계에 주어진 현실은 언제나 늘 '폐허'라는 사실을 말해준다. "피눈물이 쏟아졌다"거나 "우물마다 쇠뚜껑이 덮여 있었다"는 언표는 그녀의 의식 속에 새겨진 이 세계의 황폐함이 만만치 않다는 사실을 암시하고 있다. 세계의 황폐함은 곧 그녀 의식에 자리잡은 깊고 내밀한 상처의 반영이란 점에서 개인적 고통의 투사물인 것이다. 따라서 그녀에게 뒤돌아본다는 것은 분명 반성적 인식이지만, 그것은 곧 의식적으로 깨어 자신의 실존적 현실을 고통스럽게 직시하는 행위가 된다. 때문에 그것은 아픔에 대한 방어 차원에서 뒤돌아보지 말라는 금기 형태에 대해 시인으로서 운명을 달게 받겠다는 처연한 용기에 해당한다. 위반을 통해 존재의 본질과 자신의 실존적 상황에 대한 구체저 인식을 명료하게 갖고자 하는 의지적 행위인 것이다. 위반의 인식과 형식을 통해 시인으로서 송진은 이 세계와 맞설 수밖에 없는 것이다.

그럼 무엇이 그녀의 시적 화자들로 하여금 이렇게 황폐한 현실 속에 발 딛고 살게 하는가 하는 점을 궁금히 여길 수 있다. 이 점은 두 가지 측면에서 그 해결점을 찾을 수 있다. 하나는 실제로 송진 시인이 가졌던 개인적 고통의 이력을 알아보는 것, 다른 하나는 그러한 생애를 보는 송진 시인의 의식적 특이성을 살펴보는 것. 그런데 문제는 이 두 가지를 서로 분리한 채로 살펴볼 수 없다는 점이다. 개인적 생애의 문제는 언제나 시인의 의식 속에서 상징화되어 일상적 논리를 비껴나가고, 의식의 특이성은 생의 물질적 기반에 영향을 받지 않을 수 없다. 때문에 생애의 특이성은 곧잘 의식의 특이성, 곧 이미지의 특이성으로 구체화된다. 이 과정에서 조심해야 할 것은 현실적 개인의 상처를 곧바로 시적 상처로 보는 인과론적, 기계적 독법이다. 이는 시의 비의성秘義性을 해치는 일이다. 이를 해결하는 방법은 이미지의 결을 통해 의식의 특이성과 그것과 결부된 생의 특이성을 추리하는 것이다. 그것은 반영과 동시에 이루어지는 문학적 여과를 인정하는 일이다.

따라서 송진 시에서 보이는 이와 같은 폐허의 이미지와 심리는 그녀 생의 상처에서 유래된 것이라는 사실을 인정하되, 그 고통은 보통의 사람들이 표출하는 고백의 형식이 아니라 뒤돌아보아서는 안 된다는 금기의 형식으로 제시되고 있다는 점에서 그 특이성을 주목할 필요가 있다는 사실이다. 이는 그녀 생애의 고통이 단순하게 말로 설명되어질 수 없을 만큼의 강도를 띠고 있다는 사실을 암시하고 있다. 때문에 그녀 시가 보이는 아픔의 표출은 '터무니없는 독' 을 삼킨 차원이 아니고는 이해될 수 없는 모습을 보인다고 할 수 있을 것이다. 그 점에서 보다 더 그녀의 시를 이해하기 위해서는 그녀 시가 그려 보이는 이미지의 결을 따라 그 의식의 특이성을 추적하지 않을 수 없다.

그럴 때 폐허 위의 송진 시인의 의식에 포착된 이미지는 자신이 갇혀 있다라는 심리적 사실이다. 이것은 자신을 객관화된 상태로 바라보고 그것을 증언하고 왜 그래야 했는가를 알아보아야 하겠다는 오기의 기록과 다름없다. 우울한 생의 비망록을 작성하는 이 행위는 웬만한 각오로는 실행될 수가 없다. 어느 정도 신들리지 않고서는 이룰 수가 없기 때문이다. 그 점에서 송진 시인은 이미 범상을 넘어선 광기에 사로잡혀 다음과 같은 시들을 쓰지 않으면 안 되는 존재가 되었다고 말해도 지나친 것은 아니다.

> 황사로 만든 안경을 쓰고 황사로 꿰맨 이불을 덮고 황사 모텔에서 잠을 잔다 뿌연 꿈속에서 황사의 강을 건넌다 황사 동물원 우리에 갇힌 황사 알레르기가 심한 두봉 낙타의 등에 누런 눈곱이 가득 끼여 있다 오르도스사막의 눈꺼풀이 닫혀 있다 고비사막의 눈꺼풀이 닫혀 있다 타클라마칸사막의 눈꺼풀이 닫혀 있다 진정한 깨달음은 내 자신이 닫혀 있음을 아는 그 순간부터

이다 황사의 여신이 황사로 만든 아이를 건네준다

—「황사」 전문

줄 끊어진 해바라기 시계가 나를 찾아왔어
…언제까지…. 나를…우물…밑바닥에…가두어…둘…거야…

푸른 벽지를 바라보다 문득
왜 그리 가두고 살았을까
너 그리고 나
쌀통 속에 쌀을
옷장 속에 이불을
화장실 속에 변기를
뽑아 던진다
날아라 날아
날개야
소름이 돋는다
이빨이 솟아오른다
잠재된 너 그리고 나의 전생이
좁은 하늘의 이마를 비집고 날아다닌다

부리가 시퍼렇게 멍드는 비

—「장마 1 —가두다」 부분

시 「황사」는 그녀가 이 세계를 어떻게 인식하고 있는지를 너

무나 단적으로 잘 보여준다. 그녀의 생세계는 누런 황사로 뒤덮여있다. 그것은 시 속에 나오는 "닫혀 있다"는 표현에서 잘 드러난다. 닫힌 세계에서 만들어지는 생명은 똑같이 닫힌 존재, 즉 "황사로 만든 아이"일 뿐이다. 삶의 건강함이나 진정성이 보이지 않는다. 그런 상태에서 "진정한 깨달음은 내 자신이 닫혀 있음을 아는 그 순간부터이다"라고 노래하고 있지만 그 깨달음도 제한적일 것은 뻔하다. 깨달음마저도 조롱하는 듯한 냉소적 태도가 시 전체를 지배하고 있다. 세계에 대한 부정적 태도가 세계와의 화해 가능성을 차단하고 있다. 폐허라는 이미지에서 시작된 세계와의 불화가 이 시에 와서는 삶의 본질이라고 말하고 있는 셈이다.

그것은 보다 개인적 차원으로 내려와 발언되는 시 「장마 1 - 가두다」에서도 그대로 나타난다. 줄 끊어진 해바라기 시계와 동일시된 상태에서 시적 화자는 "언제까지…. 나를…우물…밑바닥에…가두어…둘…거야…"라고 이 세계 속에 처한 자신의 실존을 뇌까리고 있다. 말을 더듬는 형식으로 우울한 실존을 효과적으로 표현하고 있는 이 시는 갇힌 존재로서 시적 화자의 내면 상태를 드러내고 있는 것이다. 버려짐과 갇힘, 혹은 닫혀짐과 잊혀짐의 세계는 자아의 진정성이 사라진 삭막한 현실이다. 즉 분노의 세계다. 때문에 그 세계는 송진 시인에게 지속적으로 제시되고 있는 '폐허' 이미지의 또 다른 변주라 할 수 있다. 다만 앞의 이미지와 달리 이 시들에 와서는 자의에 의해서라기보다, 그리고 막연한 삶의 조건에 의해서라기보다는 구체적 현실 속의 닫힘과 갇힘의 문제가 제시되고 있다. 그것은 외

부적 현실의 물리적 개입을 암시한다. 산업자본주의 현실에서 발생하는 삭막한 인간 관계에서부터 시작하여 그녀의 실존적 현실 속의 어떤 구체적 상황으로 인한 상처입음을 문제 삼고 있는 것이다. 따라서 시적 화자는 이러한 현실에 대해 거부하고 탈출하고자 한다. "날아라 날아/날개야/소름이 돋는다/이빨이 솟아오른다"는 언명은 부정적 현실에 대한 저항과 탈출 욕망을 보여준다. "이빨이 솟아오른다"에서 볼 수 있듯 강렬한 적의까지 느껴진다. 물어뜯고 싶을 정도의 어두운 실존 현실에 대한 반감이 내면화되고 있다는 점에서 그녀 시는 다분히 격정적이고 동물적이다. 독자의 가슴도 사정없이 후벼파는 발톱의 잔인성을 감추고 있다.

끔찍한 실존 속에서의 길 찾기

그러나 모든 문제가 강력한 적의를 가졌다고 다 해결되는 것은 아니다. 그녀가 시 속에서 "나를 먹어 그들이 가죽혁대로 내 등을 내리친다 내 허벅지에 얼굴을 파묻고 살을 뜯어먹는다 누가 나를 먹으라고 했어 누가 나를 먹으라고 했어"(「밀월여행」)라고 분노와 적개심으로 이 세상을 저주하듯 발언해도 이 세계는 너무 거대하고 비정해서 시적 화자는 끝없이 상처만 입을 뿐이다. "잠이 오지 않는다/날카로운 손톱이 자라고 있다"(「적과의 동침」)면서 발톱을 세우고 몸부림쳐도 일상적 벽의 거대함은 변함없다. 즉 "천 년 동안 사귄 애인과 헤어진 날(도) …〈

중략〉… 여전히 버스는 달리고 택시는 지폐를 세거나 담배를 태우며 손님을 기다리"(「씨엔엔 레스토랑」)는 일상적 현실에 의해 그 의미가 축소되고 있다.

이러한 강고한 현실에 처해 있는 시적 화자의 심리는 상처받기 일쑤다. 그 점에서 이번 시집의 주된 정조는 상처와 그 상처에서 발생하는 고통이다. 송진 시의 시적 화자들은 세계에 상처입고 아파하는 모습을 취하고 있다. 다만 그것을 노출하기 싫고 인정하기 싫어 방어기제를 깊숙이 가설하고 있는 점이 특징이다. 그것은 상처를 돌아보지 말게 하는 금기의 형식과 관련된다. 그렇지만 금기에 의해 부각되는 상처의 모습은 더욱 둔중한 아픔을 환기한다는 점에서 송진 시의 또 하나의 특징이 된다. 다음 시가 그것을 보여준다.

> 눈을 뜨니 공동묘지를 지나가고 있었다 그녀는 어디에서도 화사하지 않았다 오후 세 시 사십 분의 햇살은 활짝 핀 그녀의 웃음을 돋보이게 하지 않았다 날 세운 가위 같은 햇살은 두꺼비처럼 두꺼운 그녀의 화장 속으로 깊숙이 손을 넣어 지친 눈매를 선명히 오려내고 있었다 간혹 달팽이 몰래 그녀 속으로 스며든 햇살은 오랜 방랑에 지친 노숙자처럼 철길에 드러누운 장애자처럼 나뒹굴었다 스스로 함부로 하고 싶은 생은 어디에도 없었다
>
> –「벚꽃 – 진해 가는 길」 부분

이 시에서 보이는 생세계는 분명 비정한 곳이다. "공동묘지"

나 “그녀는 어디에서도 화사하지 않았다”의 표현에서 이를 간취할 수 있다. 그러나 시적 화자의 어조는 비정한 현실에 비해 상당히 담담한 편이다. 냉정한 상태로 객관화된 자아를 관찰하고 있다. 이러한 표현 방식은 인식의 정도를 보여주는 것에 해당한다. 곧 삶이란 상처 투성이다란 생각을 체념에 가깝게 수용하고 있음을 보여주고 있는 것이다. 상처가 삶의 본질이라면 굳이 분개할 필요가 있겠느냐 하는 인식인데, 이는 삶의 쓸쓸함을 더욱 내면화한 상태로 전달하기 때문에 공감의 전이력을 더 높이고 있다고 할 수 있다. 화자가 자신의 아픔마저 감추고 이를 금기시할 때 이는 독자가 속으로 더 앓아야 할 부분이 많아진다는 것을 의미하기 때문이다. 그 점에서 이와 같이 삶의 고통으로부터 초연해 보이는 시들은 사실 그 고통의 매개에 있어서는 더욱 강도가 세다고 할 수 있다.

그러나 상처가 주는 아픔을 시인하고 감춘다고 해서 아픔이 사라지는 것은 아니다. 그녀 시에 주조된 폐허의 삶 자체가 상처이고 고통의 표출이라는 점에서 ‘끔찍한 실존’은 송진 시의 본질적 모습이다. ‘줌마렐라’라는 시대적 화두를 보여주는 다음과 같은 시는 바로 전형적인 끔찍한 실존의 문제를 제기하고 있는 것은 아닐까?

오늘도 제로 인생 흘러가네
제로라서 좋은 하루
제로라서 좋은 어제
제로라서 좋은 내일

실수투성이 필애의 하루

야 너 정말 실수한 거야
아줌마들이 식칼을 들고 달려온다

제로라서 좋은 꿈

재투성이 신데렐라
실수투성이 필애렐라

―「데이지」 부분

이 시는 영화 〈데이지〉를 보고 난 뒤의 감정을 적은 끝에 나온 작품이다. 아줌마로서 시인의 현실적 실존의 구차함과 허무함을 노래하고 있는 이 시는 시적 화자의 자조와 연민을 복잡하게 불러일으키고 있어 문제작이다. 영화 속에서 '데이지'는 국화 종류의 꽃으로 숨겨진 사랑이라는 의미를 갖지만 송진 시인의 심리적 여과를 통과했을 때 그 의미는 자신의 실존에 대한 상징물로 '숨겨진 실존' 내지 '버려진 존재'라는 뜻으로 변주된다. 그런데 참으로 놀랍고도 애처로운 것은 자신의 삶에 대한 처연한 인식보다 자신의 본명을 드러내면서까지 생의 끔찍함을 쳐다본다는 것에 있다. "실수투성이 필애의 하루", 또는 "실수투성이 필애렐라"로 표현된 어구는 자신의 본명(필애)을 밝히면서까지 현실적 삶의 모습을 직시하고자 하는 의지를 아로새기고 있다. 그 점에서 그녀 시는 일정 부분 페미니즘 차원에서 사회적 약자로서, 가부장제 사회의 피해자로서 소외와 고통을 표현한 것으로 볼 수 있겠지만 단순히 남성에 대한 여성적 억압의 심리를 드러낸 것만으로 볼 수는 없다. 그것은 생의 무의미에 대한 깊은 자학과 분노의 표현이 더 강하게 표출되기 때문이다. 다소 유희적 언사는 웃음이 갖는 비판적 의미를 두드러지게 하기 위함이다. 끔찍한 실존을 하고 있는 자신에 대한 비웃음을 통해 현실적 초월을 갈구하는 것이다. 따라서 폐허 위의 실존은 언제나 그녀의 삶에 결핍을 환기하고 그 결과 탈출의 욕구를 부채질한다고 말할 수 있다.

때문에 이러한 끔찍한 실존은 본능적으로 진정한 자아를 찾는 '길 찾기' 의식으로 나아간다. 길 찾기의 의식과 이미지는 송진 시의 또 다른 주요 풍경이다. 가령 "서운함을 달래기 위해 서운암으로 달려간다"(「서운암」)나, "팔개월 된 아기를 업고 길을 나선다"(「안개의 바지랑대를 붙잡고」)는 표현 등은 그녀의 생활에 깃들인 끔찍한 실존의 문제, 곧 생의 본질로서 주어진 것이자 그녀의 현실적 삶에서 상처가 되고 있는 결핍을 메우기 위한 시적 화자의 모색을 구체화한 것이다. 그녀의 시적 화자는 도처에서 상처입고 도처에서 이 문제를 해결하기 위해 떠난다. 공간적 이동으로 제시된 내용에서 가끔 시적 화자는 "혜안을 한 수 배우는"(「서운암」) 일도 겪지만 그녀의 시적 도정으로 볼 때 의식의 각성이 전제되지 않는 여로는 생의 고통을 다시금 확인하는 도로徒勞에 불과하다. 결국 길 찾기의 부단함은 길 찾기의 부질없음과 상통한다. 그만큼 그녀에게 진정한 자아를 찾는 일이 험난하거나 현실 속에서 지연된다는 것을 의미한다.

오히려 그녀에게 길 찾기는 의식의 차원에서 이루어지는 것이 더 선명하다. 즉 자아의 내면에 대한 응시와 납득을 통해 진정한 자아를 찾는 행위가 어느 정도 필연성을 가진다는 의미다. 그 점에서 다음과 같은 시는 길 찾기라는 주제에서 자신과의 싸움을 시적 대상으로 삼음으로 인하여 얼마나 내밀한 반성과 절박한 탐색이 동시에 이루어지고 있는지를 잘 보여준다.

호포행 이호선 지하철 타고 가다
내릴 곳이 못골인지 지게골인지 자동문 앞 기웃거리다
차창 밖 기둥 뒤, 불에 까맣게 그을린 미아리 텍사스 그녀를 본다

달맞이 고개 힘겹게 핀 보랏빛 진달래꽃 생각하다
동백꽃 핏물처럼 번진 울산공업탑 생각하다
일본 지문날인 거부 14년 보낸 제일동포 최선애를 생각한다

어쩌면 봄은 생각만 하다 머리 하얗게 센 목련 같은 꽃

불에 타버린 그녀의 캄캄한 눈빛을
차마 마주 보지 못하는
무인 매표소의 쓸쓸한 이마

별의 뇌 깊숙이 박힌 칩 속으로
멀리 떨어진 섬을 충전하고

불에 타버린 그녀의 맨발을 충전하고

지친 레일 위에 퍼질러 앉아 목메어 우는 상복 입은 갈매기를 충전하는데

불에 탄 검은 입술

내 등을 툭툭 친다

여기가 제가 내릴 곳 맞나요?

재만 남은 그녀의 두 눈

충혈된 내 눈동자의 젖꼭지

부드러운 쌀밥처럼 핥아먹는다

—「꽃」 전문

이 시는 자아를 객관화해서 바라보는 대표적인 작품이다. 시에서 "불에 까맣게 그을린 미아리 텍사스 그녀"는 그녀의 부정적 자아다. 불에 타버린 모습에서 그녀는 활성을 잃어버린, 즉 사물화되고 죽어버린 자아를 상징한다. 때문에 그녀는 파기해버리고 싶은, 타락한 현실적 자아다. 칼 융의 분석대로 하자면 그녀의 인격 속에 어둡고 무거운 성질로 들어앉아 있는 '그림자shadow'인 것이다. 송진은 그런데 그 부정적이고 타락한 자아를 외면하지 않고 바라보고 있다. 비록 유리와 기둥 뒤라는 매개물을 설정하여 거리를 두고는 있으나 자신의 부정적 자아를 감추려고 하지 않는다. 그 점에서 송진의 시적 태도는 정직

하다. 정직을 넘어 어떤 독기마저 보인다. 무기력하게 가라앉아 가는 자신의 실존을 직시함으로써 끔찍한 실존의 끝이 어디인지를 알아보겠다는 당당한 태도를 보이고 있는 것이다.

그 점에서 이 시는 타락한 자아의 인식 상태에서 머무르지 않는다. '터무니없는 독'을 집어 삼켰기에 가능한 것일까? 자신의 치부가 되는 타락한 자아의 모습을 있는 그대로 직시하고 수용하면서 세상의 한가운데로 나서려 한다. 즉 시적 화자가 자신의 부정적이고 타락한 자아마저 자신의 일부로 받아들이고 이를 구원하고자 하는 것이다. 그것은 "일본 지문날인 거부 14년 보낸 제일동포 최선애"처럼 보통 이상의 용기를 가지고서야 할 수 있는 일이다. 자신의 생애 전체를 걸어야 가능한 일이다. 그 점에서 송진 시는 언제나 백척간두에 선 시적 화자들로 인하여 시적 긴장을 자아낸다. 전부가 아니면 무라는 극단적 행위는 우리의 일상적 삶의 행위에서 볼 때는 독선 내지 과격의 내용으로 비춰보일지 몰라도 존재의 진정성을 찾기 위한 투쟁의 형식에서 볼 때는 정당한 것이다. 앞서 꽃이 존재의 발현 형식을 얻기 위해 그의 전 존재성을 걸듯 송진에게 자아에 대한 정면 응시는 그의 전 존재성을 살려내는 삶의 방식으로 언제나 극단의 형식으로 주어진다고 할 수 있다.

다행인 점은 시적 내용에서 "재만 남은 그녀의 두 눈/충혈된 내 눈동자의 젖꼭지/부드러운 쌀밥처럼 핥아먹는다"는 표현으로 볼 때 그녀는 자신의 그림자를 자신의 실체로 받아들여 이를 좀 더 높은 차원에서 순화시키고자 함을 볼 수 있다는 사실이다. 그것은 보다 높은 차원으로 자아를 통합해 가는 것을 의미할 것이다. 그것은 다시 칼 융의 분석에 의지해서 본다면 아니마나 아니무스의 영혼soul의 단계로 그것들을 지양시켜 자아self를 형성하는 것에 해당한다. 여기서 시 제목 「꽃」은 주목된다. 시인은 왜 이러한 시적 내용을 두고 '꽃'이라는 제목을 달았을까? 그것은 서두에서 밝혔던 꽃의 발현 방식과 관련된다. 꽃에 대한 의미 부여는 이 시의 주제적 움직임에 그대로 적용된다. 어둠의 땅속에서 밝은 대기로 솟아나 아름다운 형식을 갖추는 것이 꽃이라면 본능적이고 타락한 자아에서 아름답고 밝은 혼의 단계로 나아가 삶의 의미를 획득하는 것이 인간임을 이 시는 말하고자 하는 것이다. 그리고 그런 생의 지향에 송진 시인이 가장 민감한 존재로 서고 싶다는 갈망의 표출인 것이다.

성현聖顯, 혹은 혼의 행로

송진의 시는 그 점에서 일정한 방향성을 갖고 있다고 말할 수 있다. 존재의 성스러움이 그녀 시가 추구하는 궁극적 현실이다. 구차하고 허무한 실존에서 성스럽고 원만한 자아로 서는 것이 목표인 것이다. 그것은 일정 부분 끔찍한 실존에서 오는 세속적 상처와 욕망을 초월해서 보다 더 지고한 세계로 진입하는 것을 목적으로 한다는 점에서 영적인 것이다. 이 지점에 와서 '터무니없는 독'은 일상의 무료함과 자동화에 반대하는 광기를 넘어 어떤 본질적이고 영원한 것에 대한 그리움으로 그

속성이 전화된다. 곧 광기로 들끓는 내면이 신기神氣로 가득 차이 무상한 현상을 넘어 영원한 것으로 마음의 평화를 추구하게 된다는 의미인 것이다. 그것은 곧 혼의 상태로 되어간다는 말이 아닐까?

송진 시에 보이는 그 많은 고통과 폐허의 이미지는 영혼의 상태로 부유하지 못하는, 무거운 속성의 그림자 세계를 반영한 것이다. 곧 물질적 현실에 포박된 욕망과 본능의 세계다. 그 세계는 상처 주고 상처 입는 것이 생의 원리다. 따라서 상처입지 않으려면 보다 가볍게, 보다 자유로운 존재로 전화되지 않으면 안 된다. 가볍고 자유롭지 않은 혼의 비상은 없기 때문이다. 이때 혼은 진정한 자아의 표지라는 점에서 세속적 상처를 씻고 세속적 욕망을 더는 행위를 통해 이루어진다. 때문에 영적인 상태를 추구하는 것은 곧 생의 진정성을 찾는 일과 합치된다. 송진 시인에게도 이러한 영적 비상을 위한 여러 행위가 있지만 그 중에서 덜기, 빼기, 비우기 등은 물질적 욕망을 덜어내는 구체적이고도 의지적인 행위로서의 이를 달성하는 의미가 있다. 다음 시가 그것을 잘 보여준다.

> 가위바위보 하나 빼기
> 나는 갈비뼈 하나를 뺀다
>
> 동굴처럼 생긴 귀걸이를, 스핑크스 지갑을, 지갑 속 사랑하는
> 그의 사진을 뺀다

가위바위보 하나 빼기
나는 내 몸 안에 스며든 피라미드를 뺀다

나를 바라보던 고요가
나를 조용히 '고요'라고 부른다

—「가위 바위 보 하나 빼기」 부분

자신의 현실적 소유나 욕망을 하나씩 빼는 것을 형상화한 이 시는 정신적 지향이 어디에 있는지를 잘 보여준다. 아무것도 소유하지 않는 상태를 갈망하는 시적 자아에게 '고요'는 생의 모순과 들끓는 욕망으로부터 초연한 상태에 이른 것과 같다. 즉 어두운 욕망의 상태에서 '혼'의 영역에 이른 것과 같은 의미를 지니는 것이다. 이 고요의 심부에 이르렀을 때 끔찍한 실존의 현실적 자아는 저 생의 중심에서 일어나는 진정한 위로를 받을 수 있다.

이러한 혼의 상태로의 지향은 "달을 한 칸 비우고//해를 한 칸 비운다//어떤 날은//달을 한 칸 뛰어 넘는다//해를 한 칸 뛰어 넘는다"(「비운다」)의 '비운다'나 '뛰어넘는다'는 행위에서도 그대로 발견된다. 즉 '비우고', '뛰어넘음'으로써 일상의 자동화된 인식이나 길들여진 욕망으로 벗어나 좀 더 자유롭고 활기찬 존재로의 고양을 맛볼 수 있는 것이다. 그것은 현실의 초월을 통해 발견되는 성현聖顯에 이르는 길, 즉 생의 일시적이고 피상적인 무의미에서 벗어나 '궁극적 현실'에서 영원성을 획득하고자 하는 혼의 상태에 이르는 것이다. 영혼불멸의 가치는 그 점에서 이번 송진 시에 음각과 양각을 동시에 아로새겨 넣으면서 생의 신비로움을 채색한다.

그리하여 현실과 환상, 세속과 성현이 잘 어우러진 다음 한 편의 시를 통해 송진 시는 어떤 완성의 계기를 그 안에 내포하게 되는 것이다. 이 시집의 제목이 되면서 가장 백미가 되는 이 시에 이르러 우리는 시의 비의, 더 나아가 생의 비의를 맛보게 된다고나 할까?

> 이 여름 우울하세요? 그러면 부산역에서 16시 20분 물금행 무궁화호에 마음을 실어보세요 호포역 화명역 지나면 물금이랍니다 역 앞 냇가 마음에 고인 노란 물 쏟아버리고 왼쪽으로 난 길 따라 가세요 목재소, 석류나무, 무화과나무, 멍석 말 듯 제 몸 말아 발 앞에 꽃잎 떨구는 무궁화나무, 신선나무, '시인과 나' 카페, 고인돌처럼 넓적한 돌 평상, 물금취수장 지나면 무궁화 입에 문 새 한 마리 길 막을 거예요 용화사 가는 길 어디냐고 물어보세요 길 끊어진 어두컴컴한 굴다리 지나가라고 일러주지요
>
> 굴다리 앞, 온몸으로 등불 켠 까만 잠자리 날개 퍼덕이며 지키고 있어요 매미 소리 들리지 않는 한적한 길 조금 무섭겠지만 굴다리 속 걸으면 옆으로 흐르는 냇물 소리 녹슨 전깃줄 더욱 으시시하겠지만 벽 깊게 패인 곳 죽은 고양이 여인 튀어 나올까봐 머리끝 쭈뼛거리겠지만 걸음 멈추지 마세요 굴다리 빠져 나와 오른쪽 돌계단 오르면 시루떡 허물어진 듯한 입구 석등 두

개 대웅전 향해 합장하고 있지요 나무 발판 딛고 대웅전으로 고개 밀어 넣으면 우물천장까지 닿은 석조여래좌상, 저승사자처럼 옆으로 길게 찢어진 음산하고 매서운 눈빛 저 기운에 질 수 없지 들어가 넙죽 삼배하면 금방이라도 석가여래좌상 손 뻗쳐와 목덜미 잡을 것 같지요

무심한 채송화 곁에 앉아 무섭지 않아 무섭지 않아 씩씩하게 걸어야지 다시 굴다리 지나 지는 햇살 따라 걸어 나오면 아까 만난 검은 잠자리 여전히 온몸으로 등불 켜고 서 있지요 앞장서 길 밝혀 주지요 꿈에서도 본 적 없는 검은 등불 잠자리 윤기 나는 날개 몇 발 앞서가다 오솔길 나오면 무성한 풀숲으로 되돌아간답니다 물금취수장 지나 눈에 환삼덩굴 휘감기고 요란한 매미소리 귀에 도깨비바늘 요정처럼 꽂히지요 옥수수, 파초, 금낭화 줄지어 서서 오가는 기차에게 손 흔들지요 파란 논두렁 사이 누워있던 고인돌 짚신 신으며 백치 아다다처럼 웃는 하얀 무궁화 볼우물 바라보지요

—「잠시 지옥에 다녀오다」 전문

이 시는 이때까지 보았던 폐허 위에 선 자가 타락한 현실적 자아를 벗어나 진정한 자아를 찾기 위한 길 찾기의 의미를 집약적이고도 상징적으로 보여주고 있다. 이 시에 이르러 시인은 진정으로 바라는 것이 바로 일상적 현실의 불모성에서 벗어나 삶의 진정성 내지 성스러움을 맛보는 것, 곧 성현의 세계로 날아가는 혼의 행로에 관심을 두는 것임을 알게 되는 것이다. 그

것은 정신적 통과제의를 뜻한다. 시적 화자는 물금역을 시작으로 하여 현실적 세계를 밟아가며 점차 세속적 욕망을 덜어간다. 그리하여 결정적으로 "길 끊어진 어두컴컴한 굴다리"라는 경계와 시련의 장소를 통과하여 무시무시한 용화사의 세계로 나아간다. 용화사는 마치 〈센과 치히로의 행방불명〉이란 만화영화의 굴다리 너머의 세계처럼 무서우면서도 매혹적인 세계로 펼쳐진다. 특히 "온몸으로 등불 켠 까만 잠자리", 즉 자신의 존재성을 드러내기 위해 생의 전부를 가열하고 있는 존재를 이 세계의 표지로 씀으로써 굴다리 너머의 세계가 사실은 존재의 존재됨을 가열차게 보여주는 공간임을 형상화하고 있다. 따라서 그곳에서의 무서움은 존재의 존재성을 발휘하지 못하는 일상적 시각에서 바라볼 때의 문제일 뿐, 실은 가장 원만하고 성스러운 속성임을 보여주고 있는 것이다. 때문에 화자는 그러한 공간을 통과해 내자 현실 속에서도 "요란한 매미소리 귀에 도깨비바늘 요정처럼 꽂히지요 옥수수, 파초, 금낭화 줄지어 서서 오가는 기차에게 손 흔들지요" 등의 물활론적物活論的이고 신화적인 소통의 감각 속에 놓이게 되는 것이다. 그것은 혼으로 이 세계와 소통하고 있다는 말이 된다.

따라서 시집 제목이 되고 있는 지옥은 바로 우리의 숙명이 부르는 무거움의 세계를 상징하는 것이자, 또한 그 중력으로 대변되는 숙명의 무거움에 대해 존재의 전 존재성을 걸고 자신의 존재됨을 발현하여야 할 '내열內熱'의 장소란 의미를 갖는다. 지옥은 운명이 부르는 곳이자 운명으로부터 자유를 획득할 수 있는 가능성의 장소인 것이다. 때문에 '잠시 지옥에 다녀오다' 라는 시적 언명은 자신의 운명에 대한 파악과 함께 그것의 숙명적 압력에 저항하는, 살아있는 존재성을 가열차게 발휘하는 시인의 의식을 의미한다. '터무니없는 독' 을 삼킨 시인이 본질적으로 펼쳐보이는 의식의 지향인 것이다. 그 점에서 송진 시인이 펼쳐보이는 의식의 행로, 혼의 행로는 장엄한 인간 존재가 추구하는 성현의 드라마인 셈이다.

이 시에서 또 하나 해명할 것은 '물금勿禁' 이라는 지명이다. 위 시에서 말하고 있는 외에 그녀는 본능적으로 이 지명에 사로잡혀 "물금이 문을 열고 들어온다"(「밀월여행」)라거나 "물금역 앞 키 큰 모과나무 푸른 아기들 주렁주렁 매달고 서 있다"(「버드나무 모과나무 사이 쥐 첨벙 빠지다」) 등 물금이라는 단어를 여러 시에 쓰고 있다. 그것은 바로 이 지명이 주는 의미의 내면화에서 비롯된다. 물금은 금하지 말라는 뜻으로 금기가 없는 곳, 곧 자유롭고 평화로운 땅이라는 의미를 갖는다. 시인이 그의 시에 자주 물금을 구체적 장소성으로 쓰는 까닭은 삭막한 자본주의적 일상에서 벗어나 진정한 삶의 세계를 가능케 하는 공간으로 물금을 요청하고 있기 때문이다. 그녀가 상처의 확산을 막기 위해 금기의 형식으로 자신의 생세계를 인식하고 있었던 것에 대한 보상과 위로의 의미가 바로 물금에 주어져 있는 것이다. 때문에 물금은 바로 자유로운 혼의 행로를 상징한다. 그리고 혼의 행로를 그려나가는 그녀의 시적 상상력의 본향이 된다. 그녀는 '물금' 이라는 시적 공간을 가슴에 품음으로써 그나마 이 삭막한 현실을 이겨내는 힘을 얻는 것이다. 정말 다행스럽고도 다행한 일이다. 구원은 언제나 자신이 만든다는 사실을 여기에서도 확인할 수 있기 때문이다. 건필을 빈다.

문학의전당 · 시인선 57
지옥에 다녀오다

초판인쇄 2008년 10월 25일
초판발행 2008년 10월 30일

지 은 이 송진
펴 낸 이 김충규
펴 낸 곳 문학의전당
출판등록 제387-2003-00048호(2003년 9월 8일)

주　　소 121-718 서울특별시 마포구 공덕2동 404번지 풍림VIP텔 202호
전화번호 02-852-1977
팩시밀리 02-852-1978
블 로 그 http://blog.naver.com/mhjd2003
전자우편 mhjd2003@naver.com

I S B N 978-89-93481-00-6　03810